LA MYTHOLOGIE

DE MANOU

LOUIS JACOLLIOT

ÉTUDES INDIANISTES

Quinze volumes de cette œuvre considérable, destinée à nous faire connaître les vieilles civilisations de l'Inde et de la Haute-Asie, ont paru. Ce sont :

1° *La Bible dans l'Inde;*
2° *Les Fils de Dieu;*
3° *Christna et le Christ;*
4° *Histoire des Vierges;*
5° *La Genèse de l'Humanité;*
6° *Fétichisme — Polythéisme — Monothéisme;*
7° *Le Spiritisme dans le Monde;*
8° *Les traditions Indo-Asiatiques;*
9° *Les traditions Indo-Européennes et Africaines;*
10° *Le Pariah dans l'Humanité;*
11° et 12° *Les Législateurs religieux — Manou — Moïse;*
13° *Les Femmes dans l'Inde;*
14° *Les Rois, les Nobles, les Guerriers et les Castes.*
15° *La mythologie de Manou — L'Olympe Brahmanique.*

La Bible dans l'Inde étudie l'influence de l'Inde, par sa langue, sa morale, ses lois, sa philosophie sur les sociétés anciennes. L'auteur y suit pas à pas la marche de la civilisation indoue, en Egypte par Manès, en Asie Mineure et en Grèce par Minos, en Perse par Zoroastre, en Judée par la tradition chaldéo-mosaïque. A l'aide de nombreux et irréfutables documents, il démontre que tous les Mythes religieux de l'antiquité, y compris le Mythe judaïque et le Mythe chrétien, sont issus des vieilles conceptions de l'extrême Orient.

La création de l'Univers, les attributs de l'Être suprême, la naissance de l'homme, les fables de la faute originelle, du paradis terrestre, du déluge, la révolte des Anges, le meurtre d'Abel, etc., les sacrifices, les prières, les sacrements, les mystères, tout jusqu'au Mythe fabuleux du Christ n'est qu'une rénovation des vieux mystères brahmaniques.

Il n'est pas jusqu'à la confession publique et auriculaire, qui ne soit instituée et réglementée par Manou, l'antique législateur des bords du Gange.

Les Fils de Dieu sont les tableaux des trois grandes périodes historiques de l'Inde :

1° Période patriarcale et védique, qui se distingue par les croyances monothéistes des vieux Indous. Le Père est prêtre et roi; seul chef religieux et civil de la famille, il résume en lui tous les droits, tous les devoirs, toute l'autorité;

2° Période sacerdotale. Le règne du prêtre commence, le Monothéisme se résout dans le culte trinitaire. Les prêtres font agir la Divinité pour terroriser le vulgaire, et ils fondent, sur l'esclavage et l'abrutissement systématique des masses, un gouvernement théocratique, qui fut la première forme d'agrégation sociale des populations qui ont eu les rives du Gange pour berceau;

3° Période royale, qui se distingue par l'avènement des chefs militaires au pouvoir suprême et l'alliance des prêtres et des rois, alliance fondée sur la superstition et la force.

Christna et le Christ est le parallèle du rédempteur indou et du rédempteur chrétien. Mêmes traditions, mêmes aventures, même enseignement, même but, le christ Juif n'est évidemment qu'une figure légendaire du Christ Indou.

L'Histoire des Vierges est l'étude du Mythe de la Mère initiale, de la Mère Nature, de la Matrice universelle, fécondée par le germe divin et de laquelle sont sortis tous les Etres, Mythe que l'on trouve à la base de toutes les cosmogonies du monde, et qui, en cessant d'être symbolique, donne naissance aux fables absurdes des vierges mères de Dieu.

La Collection complète des **ÉTUDES INDIANISTES**, 15 *vol. in*-8, 90 *fr.*

IMPRIMERIE D. BARDIN, A SAINT-GERMAIN

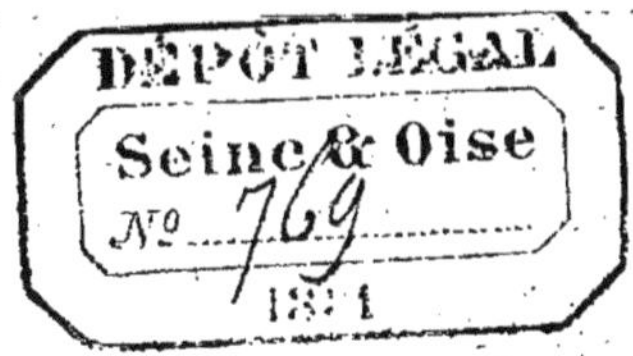

L'OLYMPE BRAHMANIQUE

LA MYTHOLOGIE DE MANOU

PAR

LOUIS JACOLLIOT

PARIS
COLLECTION LACROIX ET Ce, EDITEURS
EN VENTE CHEZ
C. MARPON ET E. FLAMMARION
1 ET 7, GALERIE DE L'ODÉON ET RUE ROTROU, 44

1881

PREMIERE PARTIE

LES ORIGINES DE MANOU

L'OLYMPE BRAHMANIQUE

PREMIÈRE PARTIE

LES ORIGINES DE MANOU

D'après l'opinion des pundits ou brahmes, savants, le livre de la loi de Manou est formé de la quintessence des Védas.

Les Védas sont au nombre de quatre : le *Rig-Véda*, le *Yadjour-Véda*, le *Sama-Véda* et l'*Atharva-Véda*.

Le *Rig-Véda* est un recueil de chants, d'hymnes et de traditions nationales ; on y trouve aussi des hymnes sur les rites sacerdotaux, sur l'onction des prêtres, le sacre des rois et l'aumône qui est recommandée à tous, en faveur des brahmes. Le Rig chante surtout les mille expansions de la force divine sous les noms d'Agni, d'Indra, de Sourya, de Varouna, de Roudra, dont il résume souvent les manifestations sous le nom de Dévas. Il est écrit entièrement en vers.

Le *Sama-Véda* qui ne contient également que des vers, et le *Yadjour-Véda* qui contient des vers et de la prose, sont pour ainsi dire des rituels liturgiques fixant les hymnes et les chants des cérémonies sacerdotales.

L'*Atharva-Véda*, bien qu'il renferme aussi une certaine quantité d'hymnes, est surtout un recueil de prières, de mentrams et de conjurations magiques. Le sorite sanscrit suivant, gravé en tête des manuscrits de l'*Atharva*, indique suffisamment le but de cet ouvrage.

Devadinam djagat sarvam
Mantradinam ta devata
Tan mantram brahmanadinam
Brahmana mama dêvata.

Tout ce qui existe est au pouvoir des dieux.
Les dieux sont au pouvoir des mentrams.
Les mentrams sont au pouvoir des brahmes.
Donc les dieux sont au pouvoir des brahmes.

Le *Rig-Véda* est le seul des quatre Védas qui soit traduit en entier ou à peu près, il passe généralement en Europe pour le plus ancien, et le plus important.

Ce n'est point l'avis des brahmes, qui accordent à l'ensemble de leurs ouvrages sacrés, connus sous ce nom de Védas, une égale antiquité et une semblable valeur. Ils seraient même fort disposés à considérer l'*Atharva* comme le premier en date de leurs livres religieux.

Il est facile à qui a reçu dans l'Inde, des prêtres brahmes, les motifs de leur opinion, de mettre d'accord l'indianiste européen et le commentateur indou.

L'*Atharva*, en effet, avec ses conjurations magiques, ses incantations aux démons, ses objurgations superstitieuses, paraît appartenir à une période civilisée des plus rudimentaires, tandis que les trois autres livres, par l'élévation de leurs idées et l'état social qu'ils décèlent, indiquent une période de civilisation des plus avancées.

L'argument tout européen, que la langue presque classique dans laquelle est écrit l'*Atharva*, indique sa postériorité à l'égard des autres, est sans valeur quant au fond même de la doctrine de ce livre, car il est un fait connu de tous les brahmes du sud de l'Indoustan, c'est que l'*Atharva*, écrit en sanscrit primitif, presque monosyllabique, n'était plus compris déjà au temps de Manou par les brahmatchari ou élèves en théologie, et qu'il a été cependant, en conservant, ses formes archaïques, transcrit par Sounasepa, dans un sanscrit plus moderne, dans le sanscrit des Védas.

Au surplus, le savant Colebrooke, dont nul ne s'avisera de nier la compétence en pareille matière, déclare, dans son mémoire sur les livres sacrés des Indous (*Recherches asiatiques*, 8me volume) que l'*Atharva* est *au moins* aussi ancien que les autres Védas.

C'est avec intention que je souligne cette expression *au moins*, car elle indique que l'illustre indianiste anglais qui a puisé à longs traits aux sources mêmes de la science indoue, n'est pas éloigné, malgré la forme linguistique de l'*Atharva*, de le considérer comme plus ancien que les autres.

Il est certain que si nous venions à découvrir dans l'intérieur de l'Afrique, deux livres écrits en langue yoloffe, je suppose, dont le premier fût un recueil d'incantations fétichistes, et l'autre une réunion d'hymnes religieuses, atteignant souvent à la philosophie la plus élevée, nous n'hésiterions pas à déclarer le premier plus ancien, bien qu'il fût écrit dans une langue aussi moderne que le second.

Passons ; qu'il nous suffise de constater que l'antiquité et l'authenticité de l'*Atharva* sont aussi indiscutables que l'antiquité et l'authenticité des trois autres Védas.

Ces quatre livres reçoivent le nom de *Sainte Ecriture* et renferment toute la science *révélée* des Indous.

« Le Véda est le fruit de la sagesse, de l'Etre sans nom qui existe par sa seule force, de qui tout procède, et par qui tout se transforme. »

(*Sama-Véda.*)

On voit que la prétention tout humaine d'avoir reçu de l'Etre suprême la science des sciences n'est pas née d'hier.

Quelques courtes citations vont donner une idée de la manière de ces quatre livres sacrés, pivot de toute la théologie brahmanique.

Hymne VII, sec. 2, *Rig-Véda.*

« ... Qui donc a vu à sa naissance, le Dieu irrévélé prendre un corps pour en donner à ce qui n'en a pas ?

Où était l'esprit, le sang, l'âme de la terre ? Qui donc a approché de ce Dieu pour lui poser cette question ?

*
* *

« Faible, ignorant, je veux sonder ce mystère divin. Pour m'élever jusqu'à la connaissance de ce tendre nourrisson, qui, dès sa naissance, a créé l'univers. Les prêtres l'ont chanté déjà dans les sept trames de leurs chants ?

*
* *

« Ignorant et inhabile, pour arriver à la science j'interroge les poètes, j'interroge ceux qui savent. Quel est donc cet être incomparable, cet Etre immortel qui a fondé les six mondes lumineux ?

*
* *

« Qu'il me réponde celui qui connaît ce mystère, celui qui a reçu le feu de la science, du dieu fortuné qui traverse les airs ? Les génisses sacrées ont versé leur lait, comme une libation céleste, sur leur tête, parce qu'ils ont compris le mystère de l'impérissable.

*
* *

« A l'heure où tombent les libations du sacrifice, la *Mère* avertie par la prière a accueilli le *Père*. Celui-ci également conduit par la prière s'est uni à elle, et la *Mère*, dans l'orifice qu'elle porte, reçoit le germe du fruit qu'elle désire... et pendant ce temps-là les prêtres poursuivent leurs adorations et leurs hymnes.

*
* *

« La mère a enfanté, et son fruit a grandi au milieu des flots des libations, et le nourrisson a mugi comme le jeune veau auprès de la vache, et dans les trois états dans lesquels il se transforme, il est toujours *un* quoiqu'il revête *trois* formes.

*
* *

« Il est toujours *un*, quoiqu'il soit en même temps la mère, le père et le fils, et quand les prêtres qui ne restent pas inactifs, chargent le dieu resplendissant de lumière, des chants et de leurs libations, c'est toujours le dieu *un* qu'ils célèbrent, malgré les trois formes qu'il revêt.

*
* *

N'est-il pas exact de dire après cet étrange passage, que nous saisissons ici dans l'œuf, l'éclosion de cette idée trinitaire, que Manou a rendu plus tard plus sensible encore, dans le sloca suivant.

« Ayant divisé son corps en deux parties, le *souverain Maître* devint moitié mâle et moitié femelle et en s'unissant à cette partie femelle il engendra Viradj *le fils.* »

Les premiers philosophes indous ayant conçu l'Etre suprême comme une force irrévélée, sous forme tangible, conçurent cette fiction trinitaire, dualiste d'abord dans le père et la mère, trinitaire à la naissance du fils, pour changer le Dieu germe, le Dieu chaos, le le Dieu sans forme, en un Dieu manifesté de qui vont procéder la matière et le pouvoir créateur qui la transformera.

C'est la naissance de l'Univers, de tout ce qui existe, s'accomplissant par l'union du Père et de la Mère, symbole qui va se continuer dans la nature, dont toutes les forces ne pourront désormais créer, transformer que par l'union des sexes, que par l'attraction qu'exercent mutuellement l'un sur l'autre les deux principes mâle et femelle, le père et la mère.

Et c'est ainsi que la Trinité céleste, qui créa

Nara, le père,
Nari, la mère,
Viradj, le fils,

a engendré la Trinité terrestre, qui perpétue l'œuvre divine par sa triple alliance sans laquelle rien ne pourrait exister :

Le Père,
La Mère,
L'Enfant!

Plantes, animaux, hommes subissent cette loi trinitaire de la reproduction, dont les brahmes ont été chercher l'image dans les cieux, ou plutôt, pour être plus juste, qu'ils ont fait remonter jusqu'aux cieux, par application de ce qui se passait dans le monde matériel.

Voilà le secret de cette adoration de la mère divine sous les noms de :

Nari dans l'Inde,
Bel en Chaldée,
Mouth en Egypte,
Mariam chez les chrétiens.

Voilà ce que disent quelques versets du *Rig-Véda*; on trouve dans ce livre admirable la base de toutes les théogonies et de tous les systèmes philosophiques du monde. La mythologie de Manou, sous une forme moins mystique, va bientôt nous donner le moyen de montrer une fois de plus l'évidence de cette vérité, que l'Inde est l'*Alma Parens* de toutes les nations de l'antiquité.

Ce fils, ce Viradj, ce mâle céleste, dont la naissance est chantée par le *Rig-Véda*, une fois produit par l'union du Dieu Un à la double nature, devient Brahma ou le Dieu manifesté, et le *Sama-Véda* le chante de la manière suivante :

« Quel est celui par qui l'intelligence s'exerce ?

Quel est celui par la puissance duquel le souffle vital et primitif agit? Quel est celui par la puissance duquel la parole humaine est articulée? Quel est le Dieu par la puissance duquel la vision et l'ouïe exercent leur fonction?

*
* *

« Celui qui est l'audition de l'audition, l'intelligence de l'intelligence, la parole de la parole, le souffle vital du souffle vital, la vision de la vision, est celui qui rend immortels les sages, qui sont délivrés des liens terrestres par la connaissance de l'Etre suprême.

*
* *

« C'est pourquoi l'œil n'en peut approcher, la parole ne peut l'atteindre, ni l'intelligence le comprendre. Nous ne savons ni ne connaissons comment il pourrait être distingué ou connu, car il est au-dessus de ce qui peut être compris par la science ; voilà ce que nous avons appris des dieux des ancêtres qui nous ont transmis cette doctrine.

*
* *

« Celui par qui la parole est exprimée et qu'aucune parole ne peut exprimer, sachez que celui-là est Brahma, et non ces vains simulacres que l'homme adore.

*
* *

« Celui qui ne peut être compris par l'intelligence, et celui seul, disent les sages, par la puissance duquel la nature de l'intelligence peut-être comprise, sachez que celui là est Brahma et non ces vains simulacres que l'homme adore.

*
* *

« Celui que l'on ne voit point par l'organe de la vision et par la puissance duquel l'organe de la vision aperçoit les objets, sachez que celui-là est Brahma et non ces simulacres que l'homme adore.

*
* *

« Celui que l'on n'entend point par l'organe de l'ouïe et par la puissance duquel l'organe de l'ouïe entend, sachez que celui-là est Brahma et non ces simulacres que l'homme adore.

*
* *

« Celui que l'on ne peut distinguer par l'organe de l'odorat et par la puissance duquel l'organe de l'odorat s'exerce, sachez que celui-là est Brahma et non ces simulacres que l'homme adore.

*
* *

« Si tu dis : Je connais parfaitement l'Etre suprême, tu te trompes; qui pourra dénombrer ses attributs? Tes méditations ne te conduiront jamais à le connaître, soit que tu l'étudies dans les limites de tes sens, soit que tu cherches à en admirer la puissance dans les Dévas (demi-dieux) qui n'agissent que comme une manifestation de sa volonté.

*
* *

« Si tu dis : Je pense le connaître, non que je croie le connaître parfaitement, ni ne pas le connaître du tout, mais je le connais partiellement, car celui qui connaît toutes les manifestations des Dévas qui procèdent de lui, connaît l'Etre suprême... Si tu dis cela tu te trompes, ce n'est pas le connaître que de ne pas l'ignorer entièrement.

*
* *

« Celui, au contraire, qui croit ne pas le connaître, c'est celui qui le connaît; et celui qui croit le connaître, c'est celui qui ne le connaît pas; il est regardé comme incompréhensible par ceux qui le connaissent le plus; et connu parfaitement par ceux qui l'ignorent entièrement.

*
* *

« La notion de la nature des êtres corporels étant admise, cette idée mène à la connaissance de la Divinité. L'homme trouve en lui-même la force, l'énergie de connaître Dieu et par cette connaissance il obtient l'immortalité.

*
* *

« Quiconque a une fois connu Dieu, possède la suprême vérité et arrive à la félicité. Quiconque ne l'a pas connu est livré à toutes les misères. Les sages, qui connaissent Dieu, ayant médité profondément sur la nature de tous les êtres, après avoir quitté ce monde deviennent immortels.

*
* *

« Brahma ayant défait les mauvais génies, les bons génies (Dévas ou Dieux secondaires) restèrent vainqueurs par le secours des Brahma; alors ils se dirent entre eux: — C'est nous qui avons vaincu, c'est de nous qu'est venue la victoire, c'est à nous qu'en revient l'honneur.

*
* *

« L'Etre suprême ayant su toute leur vanité, leur apparut; mais dans leur orgueil, ils ne connurent pas cette adorable apparition.

*
* *

« — O Agni, dieu du feu, dirent-ils à l'un d'entre

eux, toi dont le souffle a produit le *Rig-Véda*, peux-tu savoir quelle est cette adorable apparition? — Oui, répondit-il, et il se dirigea vers cette adorable apparition qui lui demanda : — Qui es-tu? — Je suis Agni, dieu du feu, répondit-il, c'est de mon souffle sacré qu'a procédé le *Rig-Véda*, et il parlait ainsi, ignorant que l'Etre suprême s'était servi de lui pour manifester sa pensée.

*
* *

« — Quelle puissance extraordinaire y a-t-il dans ta personne? — Je puis réduire en cendres tout cet univers. Alors l'Etre suprême ayant déposé un brin de paille devant lui : — Brûle cela, lui dit-il!

*
* *

« S'étant approché de cette paille, malgré tous ses efforts, le dieu du feu ne put la brûler. Aussitôt il s'en retourna vers les autres dieux.—Je n'ai pu connaître, leur dit-il, cette adorable apparition.

*
* *

« Alors les dieux s'adressèrent à Vayou, le dieu du vent — Dieu du vent, peux-tu connaître quelle est cette adorable apparition? — Oui, dit-il. Il se dirigea vers l'adorable apparition qui lui demanda : — Qui es-tu? — Je suis Vayou, le dieu du vent, répondit-il, je suis celui qui parcourt et pénètre l'espace illimité.

*
* *

« — Quelle puissance extraordinaire y a-t-il en ta personne? — Je puis enlever tout ce qui est sur cette terre. Alors l'Etre suprême ayant déposé un brin de paille devant lui : — Enlève cela !

*
* *

« S'étant approché de cette paille, le dieu du vent ne put l'enlever; aussitôt il s'en retourna vers les autres dieux. — Je n'ai pu, leur dit-il, connaître cette adorable apparition.

*
* *

« Alors les dieux s'adressèrent à Indra, le dieu de l'espace. — Dieu de l'espace, lui dirent-ils, peux-tu savoir quelle est cette adorable apparition ? — Oui, dit-il, et il se dirigea vers cette adorable apparition, qui lui dit : — Qui es-tu ? — Je suis le dieu de l'espace et des sphères célestes.

*
* *

« — Quelle puissance extraordinaire y a-t-il dans ta personne ? — Ma puissance est sans bornes, tout ce qui est sur cette terre m'obéit. — Alors l'Etre suprême, ayant déposé un brin de paille devant lui : Franchis cet obstacle, lui dit-il.

*
* *

« Et Indra, le dieu des sphères célestes, s'étant approché du brin de paille, il lui fut impossible de le franchir, malgré tous ses efforts ; alors levant les yeux : — Qui es-tu, dit-il à l'adorable apparition. Mais l'adorable apparition avait disparu.

*
* *

« Et Indra ne vit plus devant lui que la belle déesse Oumâ, femme de Siva, toute entourée de rayons d'or, et il lui demanda quelle était cette adorable apparition. — Elle répondit : — C'est Brahma, le maître de l'univers, Brahma à qui vous devez la victoire dont vous vous enorgueillissez.

*
* *

« C'est ainsi qu'il connut Brahma ; c'est pourquoi les trois dieux Agni, Vayou, Indra se dirent chacun : — Je surpasse tous les autres dieux. Et ils disaient cela, parce qu'ils avaient approché de l'admirable apparition, qu'ils l'avaient touchée par leurs organes sensibles, et qu'ils avaient connu les premiers que l'objet de leur investigation était Brahma.

*
* *

« C'est pourquoi Indra se dit à son tour : — Je

surpasse même les autres dieux Agni et Vayou. Et il disait cela parce qu'il avait approché l'adorable apparition, qu'il l'avait touchée par ses organes sensibles, et qu'il avait connu le premier que l'objet de son investigation était Brahma, le seigneur de l'univers.

*
* *

« Et sachez-le, ceci n'est qu'une peinture figurée pour vous faire comprendre la grandeur de l'Etre suprême qui brille sur tout l'univers, mais ne peut pas plus être saisi, que l'éclat de la foudre, qui brille et disparait plus rapide qu'un clin d'œil. C'est pour cela qu'il est le dieu des dieux.

*
* *

« Ainsi encore la suprême intelligence, la grande âme peut être conçue par l'âme ou l'intelligence qui approche d'elle. Cette âme, par son intelligence, par les forces de sa propre pensée, se développe la notion de l'âme universelle, de l'Etre suprême; à force de creuser sa demeure dans cette pensée, elle arrive à la connaître. Ce dieu de tous les dieux, ce seigneur des créatures est appelé l'adorable et tous les êtres animés le révèrent. »

(Sama-Véda.)

Voilà donc Brahma, c'est-à-dire le père,

Dyaus pitar ganitar.

— Les Grecs disent Ζεύς πατὴρ γενετήρ et il y a encore

des gens pour nier la filiation sanscrite du grec. — Voilà donc Brahma, le créateur, qui sort de *l'irrévélé*, du nuage mystérieux où le laisse le *Rig-Véda*, chanté dans sa grandeur, sa puissance, ses mortifications matérielles, par le *Sama-Véda*. Le *Rig* est pour ainsi dire un long chant des forces de la nature, qui s'inclinent devant le dieu Germe, le dieu que l'esprit ne peut concevoir et la raison comprendre, et le *Sama* est un hymne en l'honneur du dieu manifesté, de Viradj, le fils de la Vierge, de Brahma devenu sensible pour créer, protéger et transformer la matière.

Nous allons voir le *Yadjour-Véda* venir, dans un langage magnifique, révéler aux hommes ce Dieu que le *Sama-Véda* vient de révéler aux dieux.

« Celui qui est la cause première, de qui procèdent le feu, le soleil, la lune, l'air, les eaux, la terre, c'est le pur Brahma, le seigneur des créatures. Tous les instants qui mesurent le temps sont sortis de sa personne éclatante, que nul être mortel ne peut embrasser ni percevoir, ni au-dessus, ni autour, ni au centre. Sa gloire est si grande qu'aucune image ne peut la représenter. C'est *Lui*, dit la Sainte-Ecriture, qui était dans l'œuf d'or, *Lui* avant qui rien n'était né ; c'est *Lui* qui est le Dieu de l'espace. *Lui* qui est le prenier-né, *Lui* qui réside dans le sein fécond, *Lui* qui sera produit éternellement.

*
* *

« C'est *Lui* qui demeure dans tous les êtres sous les

formes infinies qu'il revêt, *Lui* avant qui rien n'est né, *Lui* qui seul est devenu toutes choses. *Lui* le seigneur des créatures, qui se plaît à créer, produisit les trois lumières, le soleil, la lune et le feu, et son corps est composé de seize membres.

*
* *

« A quel Dieu offririons-nous nos sacrifices si ce n'est à lui, qui a rendu l'air fluide et la terre solide, qui a fixé l'orbe solaire et l'espace céleste, qui a répandu les gouttes de pluie dans l'atmosphère ? A quel dieu offririons nous nos sacrifices si ce n'est à lui que contemplent mentalement le ciel et la terre pendant qu'ils sont fortifiés et embellis par les offrandes pieuses, qu'ils sont illuminés par le soleil qui roule au-dessus d'eux, et fécondés par les eaux qui les inondent.

*
* *

« Le sage fixe ses regards sur cet être mystérieux dans lequel existe perpétuellement l'univers qui n'a pas d'autre base que *Lui*. En *Lui* ce monde est enfermé, c'est de *Lui* que ce monde est sorti ; il est enlacé et tissu dans toutes les créatures sous les diverses formes de l'existence. Que le sage qui connaît tous les secrets de la révélation s'empresse donc de célébrer cet être dont l'existence est aussi mystérieuse que variée. Celui qui connaît ses trois états de création, de conservation, de transformation enveloppés dans le mystère, est allié à Brahma. Ce dieu par qui les sages obtiennent l'immortalité quand ils sont parvenus au troisième état de sainteté, est notre père véritable; c'est la providence qui gouverne tous les mondes et toutes les créatures.

*
* *

« Connaissant les éléments, connaissant les mondes, connaissant toutes les régions et tous les espaces, adorant la parole née la première, l'homme pieux embrasse l'esprit vivifiant du sacrifice solennel, par la méditation de son âme, comprenant que le ciel, la terre et l'air ne sont que *Lui*, connaissant que les mondes, découvrant que l'espace et l'orbe solaire ne sont que *Lui*, il voit cet Etre suprême, il pénètre dans *Lui*, s'identifie avec *Lui*, en achevant par le perpétuel sacrifice ce vaste tissu d'êtres animés qui est l'univers.

*
* *

« Pour obtenir opulence et sagesse, j'adresse ma prière à ce maître admirable de l'*Etre* et du *non-Etre*, ami d'Indra, le souffle que désirent toutes les créatures. Puisse cette offrande être efficace. O Agni, rend-moi sage de cette sagesse qui adore les dieux de nos pères. Puisse cette offrande être efficace! Puisse Varouna m'accorder la sagesse ! Puisse Brahma me donner la raison ! Que le prêtre et le guerrier me défendent tous deux ; Que les dieux m'accordent la félicité suprême! O toi qui es cette félicité éternelle, puisse cette offrande te plaire et t'agréer!

*
* *

« Un maître souverain régit ce monde des mondes, nourris-toi de cette pensée en abandonnant toutes les autres, et ne convoite le bonheur d'aucune créature. L'homme qui accomplit ses devoirs religieux peut désirer vivre cent années, mais même alors il n'y a pas pour toi, il n'y a pas pour l'homme d'autres devoirs que ceux-là. Il est des lieux livrés aux malins esprits, couverts de ténèbres éternelles, c'est là que vont après leur mort les êtres corrompus qui ont tué leur âme (pauvre enfer catholique combien n'as-tu pas d'ancêtres!).

*
* *

« Cet être unique, que rien ne peut atteindre, est plus rapide que la pensée, et les dieux eux-mêmes ne peuvent comprendre ce moteur suprême qui les a tous devancés. Tout immobile qu'il est il dépasse infiniment les autres et le vent n'est pas plus léger que lui, il meut ou ne meut pas, comme il lui plaît, tout le reste de l'univers; il est loin, il est près de toute chose. Il remplit cet univers entier et le dépasse encore infiniment.

*
* *

« Quand l'homme sait voir tous les êtres dans ce suprême Esprit, et ce suprême Esprit dans tous les êtres, il ne peut plus dédaigner quoi que ce soit. Pour celui qui a compris que tous les êtres n'existent que dans cet être unique, pour celui qui a senti cette identité profonde, quel trouble, quelle douleur peut désormais l'atteindre? alors l'homme arrive à Brahma lui-même, il est lumineux sans corps, sans forme, sans matière; il est pur, il ne connaît pas la souillure, il sait, il prévoit, il domine tout, il ne voit que par lui seul, et les êtres lui apparaissent tels qu'ils furent de toute éternité, toujours semblables à eux-mêmes.

*
* *

« Ils sont tombés dans une nuit bien profonde ceux qui ne croient pas à l'identité des êtres, ils sont tombés dans une nuit bien plus profonde encore ceux qui ne croient qu'à leur identité.

*
* *

« Il est une récompense pour ceux qui croient à l'identité des êtres, il en est une autre pour ceux qui croient à leur non-identité, voilà ce que nous avons entendu des sages qui nous ont transmis cette tradition sainte. Celui qui connaît à la fois et l'identité éternelle des êtres et leur transformation successive, celui-là évite la mort, car il sait que ce n'est qu'une transformation, *il gagne d'être immortel en croyant à leur identité.*

*
* *

« Ils sont tombés dans une nuit bien profonde ceux qui sont tombés dans l'ignorance des devoirs religieux. Ils sont tombés dans une nuit bien plus profonde encore ceux qui se contentent de la science de ces devoirs.

*
* *

« Il est une récompense pour la science, il en est une autre pour l'ignorance, voilà ce que nous avons entendu des sages qui nous ont transmis cette tradition sainte.

*
* *

« Celui qui connaît à la fois et les effets de la science et les effets de l'ignorance, celui-là évite la mort parce qu'il connaît l'ignorance, et il obtient l'immortalité parce qu'il connaît la science.

*
* *

« Que le vent, que le souffle immortel emportent ce corps, qui n'est que cendre, mais, Brahma, rappelle-toi mes actions, rappelle-toi mes prières.

*
* *

« O Agni! conduis-moi par des voies sûres à la

béatitude éternelle. O Dieu, qui connais tous les êtres, purifie-nous de tout péché, et nous pourrons te consacrer les adorations les plus saintes.

*
* *

« Ma bouche ne cherche que la vérité dans cette coupe d'or ; cet homme qui t'adore sous la forme du soleil, au disque brillant, cet homme, c'est moi. Brahma, soleil éternel de vérité, entends ma prière. »

Si le *Rig-Véda* fut l'hymne adressé au Dieu irrévélé dans les forces multiples de sa puissance, le *Sama-Véda*, le chant du *Manifesté*, du Dieu créateur, de Brahma, le *Yadjour-Véda* devient doctrinaire ; il définit ce Dieu, en ordonne le culte, et donne naissance aux plus hautes conceptions philosophiques.

« Il gagne d'être immortel celui qui croit à l'identité éternelle des êtres.

« Tous les êtres sont dans ce suprême Esprit, et ce suprême Esprit est dans tous les êtres.

« La mort n'est qu'une transformation.

« Les êtres lui apparaissent tels qu'ils furent de toute éternité, toujours semblables à eux-mêmes. »

C'est ainsi que le *Yadjour* pose comme des principes, qu'il considère comme résolus, toutes ces grandes idées de panthéisme, d'éternité de la matière increéée, d'identité des êtres, qui vont bouleverser le monde pendant des siècles, et servir de bases à tous les systèmes philosophiques anciens et modernes.

L'*Atharva-Véda*, lui, ainsi qu'on va le voir, n'est que la codification liturgique d'un culte vulgaire abandonné à la plèbe, mélange d'hymnes, de chants, d'incantations, de prières, de mentrams. C'est bien le livre du peuple, du *servum pecus* à qui le prêtre de tous les temps a soustrait son Dieu pour ne lui faire adorer que des manifestations secondaires, dévas, déous, demi-dieux, saints ou archanges.

Voici deux de ces hymnes de l'*Atharva* d'une forme différente ; il n'y a qu'à remplacer Mitra, Varouna ou Vayou, par Mars ou Jupiter, saint Michel ou saint Joseph pour accommoder cela à la sauce grecque, romaine ou chrétienne.

« Ma pensée vous adore, ô Mitra et Varouna, guides des cérémonies saintes pour les esprits intelligents, qui repoussez au loin les profanes, vous qui jadis avez protégé Satzavân dans les batailles, délivrez-nous de tout mal.

*
* *

« O dieux intelligents qui repoussez au loin les profanes, vous qui jadis avez protégé Satzavân dans les batailles, vous qui conduisez les humains, comme Indra conduit ses coursiers fauves au sacrifice préparé pour lui, délivrez-nous de tout mal.

*
* *

« Vous qui avez protégé Angiras, qui avez protégé

Agastya, ô Mitra et Varouna, vous qui avez protégé Djamadagni, Casiappa et Vasichta, délivrez-nous de tout mal.

*
* *

« Vous qui avez protégé Syavasvâ et Vadiyasva, ô Mitra et Varoùna, vous qui avez protégé Pouroumylia et Atri, qui avez protégé Vimada et Saptavadhri, délivrez-nous de tout mal.

*
* *

« Vous qui avez protégé Barahvadja, Ganisthira, Viswamitra, ô Mitra et Varouna, vous qui avez protégé Kouisa, Kakchivan, qui avez défendu Kanva, délivrez-nous de tout mal.

*
* *

« Vous qui avez protégé Midhâtiti et Trisôka, ô Mitra et Varouna, vous qui avez protégé Ousana, le fils de Kâni, vous qui avez protégé Gautama, qui avez défendu Moudgala, délivrez-nous de tout mal.

*
* *

« O dieux, dont le char volant dans une voie sûre, les rênes toujours tendues, conduit au but le lutteur triomphant, je vous invoque, ô Mitra et Varouna; je me prosterne à vos pieds, délivrez-nous de tout mal. »

Voici le second hymne plus caractéristique encore :

« Que dans les lieux où vont ceux qui connaissent et comprennent Brahma par la piété et la méditation, le feu sacré veuille bien me conduire.

***

« Que le feu sacré me soit propice dans les sacrifices ! Adoration à Agni !

***

« Que l'air m'accorde le souffle de vie ! Adoration à Vayou !

***

« Que le divin soleil m'éclaire, que le soleil conduise mes yeux ! Adoration à Sourya !

***

« Que la lune m'accorde l'intelligence ! Adoration à Tchandra !

***

« Que le *breuvage sacré* me soit favorable, qu'il m'accorde le lait qui est son image ! Adoration à Soma !

*
* *

« Que le chef céleste veuille bien diriger mes pas, que le chef céleste m'accorde la force ! Adoration à Indra !

*
* *

« Que l'eau veuille bien me purifier, qu'elle me donne l'immortalité en m'enlevant mes souillures ! Adoration aux Apas fécondes !

*
* *

« Que dans les lieux où vont ceux qui connaissent et comprennent Brahma par la piété et la modération, Brahma veuille bien me conduire !

*
* *

« Que Brahma m'accorde cette grâce et me conduise à lui ! Adoration à Brahma ! »

Quelques exorcismes, et nous en aurons fini avec ces citations de l'*Atharva-Véda*.

Pour guérir un malade :

« Je te sauve et je te fais vivre par ce breuvage, te

délivrant de la maladie inconnue qui te dévore, de la phtisie qui te consume. Quand l'accès de la fièvre viendra te saisir, qu'Indra, qu'Agni t'en préservent et t'en défendent !

*
* *

« Si la vie du malade a disparu, si elle est anéantie, ou bien si elle n'est que dans le voisinage de la mort, je le retire du sein même du néant, sans la moindre atteinte, et je lui assure encore cent automnes. »

*
* *

Autre, pour détruire ses ennemis :

« Gazon sacré, détruis mes adversaires, extermine mes ennemis ; ô précieux trésor, anéantis tous ceux qui me haïssent. »

*
* *

Pour chasser les fièvres qui dévorent le peuple pendant la saison des pluies :

« Que le bienfaisant Agni chasse loin d'ici Takman (la fièvre), que Soma, la divine liqueur qui est répandue sur la pierre du sacrifice, que Varouna, dont la puissance nous purifie, le chassent loin de nous.

*
* *

« Que cette enceinte consacrée, que ce gazon, que ces bois qui se consument, le chassent loin d'ici! Puissent aussi nos ennemis s'éloigner comme lui.

*
* *

« O Takman, toi qui peux faire, en un instant, jaunir tous les humains comme les traits du feu qui flamboie, tu peux aussi perdre ta force fatale en t'abaissant devant le bienfaisant Agni, qui te force, grâce à nos prières, à fuir loin de lui.

*
* *

« Que ton lieu de prédilection, ô Takman, soit dans le pays des Moûdjavats, que ton séjour préféré soit la contrée des Mahâvrishas.

*
* *

« Aussitôt que tu nais, ô Takman, va-t'en de suite visiter les lieux qu'habitent les Vahlikas.

*
* *

« O Takman, quand tu auras visité les Moûdjavats, quand tu te seras abattu sur les lointains Vahlikas, si tu reviens parmi nous, fais ta proie des soudras, nous les livrons à ta colère, tu peux les anéantir tous.

*
* *

« Frappe sur les hommes impurs qui ne te sanctifient point par la méditation et la prière, frappe sur ceux qui ne connaissent pas la grande âme.

*
* *

« Mais épargne notre peuple, va fondre sur les Mahâvrichas et les Moûdjavats. Nous abandonnons ces régions à Takman et toutes les autres qu'il voudra choisir en dehors de nous, et nous lui abandonnons aussi les soudras. »

(*Atharva-Véda.*)

Il est clair que de pareils exorcismes et incantations indiquent une civilisation relativement des plus rudimentaires et que l'*Atharva-Véda* peut réclamer suivant l'opinion de l'illustre Colbrook déjà cité, une antiquité au moins égale à celle des autres Védas. Il est resté le livre du culte vulgaire, le livre du peuple, alors qu'avec les autres Védas les croyances se transformaient dans un sens plus élevé, plus philosophique.

Le *Moundaka-Oupanichad*, qui est un commentaire de l'*Atharva-Véda*, parle de cet ouvrage et des autres Védas dans un langage qu'il n'est pas sans intérêt de citer.

« Brahma est le premier des dieux, le créateur de l'univers, le gardien du monde. Il enseigna la science de Dieu qui est le fondement de toute science à son fils aîné Atharvan. Cette science sacrée que Brahma révéla à son fils Atharvan, fut communiquée à Auguir; Auguir la transmit à Satyavâls, descendant de Bharadvâdja, et ce fils de Bharadvâdja transmit cette science traditionnelle à Anquirasa.

« Le fils de Sounaca, puissant chef de maison, s'adressant à Anquirasa avec un profond respect, lui dit: Quelle est la chose, ô vénérable sage! dont la connaissance peut faire comprendre cet univers.

« Le saint personnage lui répondit : — Il faut distinguer deux espèces de sciences, ainsi que le déclarent ceux qui connaissent Dieu : la science suprême et la science inférieure ; cette science inférieure, c'est celle du *Rig-Véda*, du *Yadjour-Véda*, du *Samu-Véda* et de l'*Atharva-Véda*, elle comprend les règles de l'accentuation, les rites de la religion, la grammaire, les commentaires et l'explication des termes obscurs, la prosodie et l'astronomie, elle comprend encore les Nibasas et les Pouranas, la logique avec le système d'interprétation et enfin la doctrine des devoirs moraux.

« Mais la science suprême est invisible ; elle ne peut pas être saisie, elle ne peut pas être expliquée, elle est sans couleur ; elle n'a pas d'yeux ni d'oreilles, elle n'a pas de mains ni de pieds, elle est éternelle, toute-puissante, elle peut pénétrer partout sous les formes les plus diverses, subtile, inaltérable, elle est contemplée par les sages qui trouvent en elle la source et la matrice des êtres.

Comme l'araignée étend ou retire sa toile, comme les plantes surgissent sur la terre, comme les cheveux croissent sur la personne qui est vivante, ainsi cet univers est produit par l'impérissable nature. Par la contemplation et la piété. Brahma vient à germer, et ensuite sort la nourriture qui forme le corps, et de la nourriture viennent successivement le souffle, l'esprit, les éléments matériels, les mondes et l'immortalité qui naît des bonnes œuvres. C'est l'être qui sait tout et la dévotion peut seule arriver à la connaissance même de celui qui sait tout et c'est de lui que procède Brahma qui se manisfeste avec tous les noms qui le désignent, avec toutes les formes qu'il revêt, avec tous les aliments qui le font vivre.

« Telle est la vérité, et vous, observateurs fidèles de tous ces devoirs que les poètes sacrés recommandent dans leurs hymnes et que rappellent si souvent les quatre Védas, remplissez-le sans cesse avec amour, c'est le chemin qui dans ce monde conduit au bien.

« Quand la flamme ondule et s'élève dans un feu qui brille, le prêtre doit aussitôt dans sa piété jeter au milieu du foyer ses offrandes, qui l'entretiennent avec le *ghrita*, mais celui qui oublie le service d'Agni, qui ne fait ni les sacrifices de la nouvelle et de la pleine lune, ni les sacrifices des quatre mois, qui n'observe point l'hospitalité, qui ne fait point les prières saintes et oublie tous les dieux, celui-là détruit pour lui les sept mondes.

« Kâli, Karali, Manadjavâ, Soulohita, Soudoumra-Varna, Sploulinginî et Visvaroutchi-Dévi, voilà les noms des sept langues de flammes qui se produisent dans le feu. Le mortel qui présente ses offrandes au temps prescrit, quand brillent ces langues de feu, est enlevé par la puissance de ses offrandes, ainsi faites, sur les rayons du soleil, dans le ciel où règne l'unique souverain des cieux. Viens, viens avec nous, c'est l'appel que les brillantes offrandes adressent à ce pieux mortel, quand elles le transportent au ciel à travers les rayons de soleil et en lui adressant de douces paroles, et en l'adorant avec respect, elles lui disent : Voilà pour vous le monde de Brahma pur, acquis par vos bonnes œuvres.

« Les dix-huit personnes qui figurent dans le sacrifice sont faibles et changeantes, et l'œuvre qu'elles accomplissent est impuissante comme elles.

« Ceux qui croient y trouver le bien suprême, se voient de nouveau soumis à toutes les vissicitudes de la vieillesse et de la mort. Les insensés ! D'autres non moins malheureux, qui malgré leur ignorance se croient les plus savants des hommes, s'agitent et s'égarent comme des aveugles qu'un aveugle conduit.

« Restant plongés dans leur ignorance qui revêt tant de formes : Nous accomplissons tous les rites, pensent en eux-mêmes tous ces gens insensés, mais ils ne savent pas qu'en agissant ainsi ce sentiment même les conduit au monde de leur perte. Ne regardant qu'au sacrifice pieux qu'ils ont fait, et dans leur folie ne voyant rien de mieux, ils retombent, après avoir joui de ce ciel qu'ils s'étaient forgé, dans un monde encore plus redoutable et fâcheux. Ceux qui pour se livrer avec austérité se sont retirés dans la forêt, ceux qui suivent la sagesse et qui ne vivent que de l'aumône qu'ils reçoivent, ceux-là dans leur continence vont par porte du soleil dans ce monde où habite le dieu Pouroucha, immortel qui ne tire son éternité que de lui-même. Dédaignant les mondes qui ne sont que le fruit des œuvres le Brahma doit y rester indifférent et se dire: Ce monde-là n'a point été fait comme il doit être fait : saintement et pour arriver à se bien persuader de cette vérité, qu'il aille, le bois du sacrifice à la main, trouver un précepteur qui connaisse à fond l'Écriture et ne s'appuie que sur Brahma. A ce disciple docile qui a complètement dompté ses sens et qui possède la quiétude de l'esprit, le sage précepteur enseigne la vérité par laquelle on connaît l'Etre immuable, il enseigne à fond la science de Dieu. »

C'est également dans ces commentaires de l'*Atharva* que se trouve la légende suivante connue de tous les orientalistes, et par laquelle nous terminerons ces citations des gloses de l'*Atharva*.

« Deux beaux oiseaux unis ensemble, amis l'un de l'autre, habitent le même arbre, leur demeure commune. L'un deux mange et savoure les fruits de l'arbre dont il fait sa nourriture et ses délices, l'autre sans rien manger le regarde et le contemple.

« Sur cet arbre commun, l'âme, plongée dans l'ignorance qui ne lui laisse pas connaître son maître, se désole et s'afflige de la folie où elle reste. Mais quand elle sait qu'il est un autre maître qu'elle doit adorer et servir et qu'elle se dit: «Voilà sa grandeur infinie» alors elle est délivrée de son chagrin. Oui, quand le voyant sait voir ce Dieu resplendissant comme l'or, ce maître souverain de l'univers qu'il a créé, ce Pouroucha d'où est sorti Brahma lui-même, alors, plein de sagesse, frissonnant de joie dans sa pureté et dans sa continence, il arrive à la suprême union avec Dieu. »

Cette allégorie a en vue la double nature humaine, l'âme et le corps: le corps, qui mange, vit d'une vie matérielle, se nourrit des fruits de la terre, l'âme qui pense et aspire à Dieu.

Il y a des orientalistes qui veulent voir dans ces curieux commentaires l'influence du bouddhisme. Il faut en vérité être fortement possédé de l'envie de mettre du bouddhisme partout pour émettre pareille opinion. C'est du brahmanisme tout pur; en vain citent-ils des phrases dans le genre de celles-ci :

Il faut être docile,

Avoir dompté ses sens,

Avoir acquis la quiétude de l'Esprit, etc.

Mais la mortification, l'abstinence, la méditation, la prière sont d'essence absolument védique, et le vieux Manou, qui n'est lui qu'un abrégé de la doctrine des Védas, fait à chaque page des recommandations identiques au vanaprastha qui veut parvenir au degré de sainteté exigé pour aller se confondre dans le sein de Brahma. Il s'est depuis quelque temps introduit dans la science une opinion singulière.

D'après ces orientalistes dont nous parlons, le bouddhisme serait un immense progrès de doctrine sur le brahmanisme. On ne saurait trop protester contre de semblables idées. Le bouddhisme est simplement un rameau hérétique du brahmanisme et il n'est pas un seul de ses enseignements, une seule de ses maximes qu'on ne retrouve dans les Védas et Manou.

L'étude de la mythologie de ce dernier législateur va bientôt nous donner l'occasion de faire cette vérité claire nette, éclatante.

Que le bouddhisme soit un rameau du brahmanisme, et comme tel postérieur à la souche qui lui a donné naissance, personne ne le nie ; mais ce que l'on affirme et ce que nous nions, c'est que ce schisme ait été un progrès moral. Tout ce que l'on trouve de grand et de beau dans le bouddhisme n'est que dépouille du brahmanisme, et si l'on veut s'en convaincre, on n'a qu'à ouvrir les Védas et Manou : chaque fois que l'on étudie une œuvre bouddhique, on ne sera pas long à se faire cette conviction, que le bouddhisme comme révolution religieuse n'existe absolument pas et que comme révolution civile il n'a paru abolir les castes que pour les multiplier à l'infini.

L'égalité ne règne pas plus dans les pays de bouddhisme que dans les pays brahmaniques, et alors que les brahmes ont conservé jusqu'à nos jours toute la partie élevée et philosophique de leur culte, les bonzes en sont arrivés à lutter à qui tournera plus vite le moulin à prière ; à chaque tour de roue, c'est un rayon céleste de plus qu'ils ajoutent à leur moisson. On prie aujourd'hui dans le bouddhisme comme qui fend du bois ou moud du café, et il faut vraiment que certains esprits aient voulu se donner une spécialité originale, pour que cette religion grossière soit aujourd'hui, par d'aucuns, mis sur piédestal.

Nous le répétons, ses doctrines, sa morale, aujourd'hui parfaitement inconnues de ses adeptes, est du pur brahmanisme. Et les indianistes qui les lui attribuent en propre font la même besogne que le commentateur européen, qui ferait procéder toute la doctrine chrétienne de Luther et de la réforme.

Le dialogue suivant, dont M. B. St-Hilaire a le premier donné la traduction en France et qui se trouve dans le *Tchandogya-Oupanichad*, un des commentaires du *Sama-Véda*, démontre victorieusement que les Védas ne sont, dans leur ensemble, qu'un chant en l'honneur de l'Ame universelle, de l'Ame suprême, de l'Être existant par lui-même, dont Manou, dans un style plus concis, va bientôt nous révéler la splendeur.

Jamais le bouddhisme ne s'est élevé à cette hauteur.

— « Brahchiva Sala, fils d'Oupamanyou, Satyaga-Djnya, enfant de Pouloucha, Indradyoumna, rejeton de Bhallavi-Djama, descendant de Sarkarakshya et Voudila, fils d'Aswataraswa, personnages tous versés profondément dans la connaissance de l'Écriture sainte et possédant de magnifiques habitations, se réunirent entre eux pour se livrer à l'étude de ces questions :

« Qu'est-ce que notre âme ?

« Qu'est-ce que Brahma ?

« Ces personnages respectables réfléchirent et se dirent : Ouddâlaca, le fils d'Arouna connait profondément l'Ame universelle, allons immédiatement vers lui. Ils allèrent le trouver, mais Ouddâlaca réfléchit et se dit : Tous ces personnages aussi instruits qu'illustres m'interrogeront, et je ne suis pas en état de résoudre complètement la question qu'ils me posent. Je leur indiquerai donc un autre maître qui puisse les instruire ; il leur dit en conséquence : Asvapati fils de Kékaya, connait profondément l'Ame universelle; allons le trouver sur-le-champ.

« Ils allèrent donc tous ensemble et à leur arrivée, le roi leur fit rendre les honneurs qui leur étaient dus, et le lendemain matin, il les congédia avec respect. Mais remarquant qu'ils s'étaient arrêtés chez lui sans avoir accepté ses présents, il leur parla ainsi : Dans mon royaume il n'y a pas de voleur, pas d'avare, pas d'ivrogne, pas un homme coupable de négliger le feu consacré, pas un ignorant, pas un adultère.

« Qui peut ici vous avoir choqué ?

« Comme ils n'élevaient aucune plainte il continua :

« Je dois vous demander, ô hommes vénérables, ce que vous désirez. Comme ils n'exprimaient aucun désir il ajouta : Autant je donne à chaque prêtre officiant autant je vous donnerai, restez donc ici, ô hommes très vénérables.

« Ils répondirent : Ils est convenable d'informer une

personne de la visite qu'on a l'intention de lui faire. Tu connais profondément l'Ame universelle, communique-nous la science que tu possèdes. Le roi leur répliqua : Demain je vous l'expliquerai. Connaissant son dessein ils vinrent le lendemain matin auprès de lui, portant, comme d'humbles disciples, du bois pour le feu sacré ; le roi sans les saluer leur dit :

Qu'adores-tu comme l'Ame du monde ô fils d'Oupamanyou ? — Le ciel, répondit-il, ô roi vénérable. — Cette portion de l'univers que tu honores comme l'Ame est bien splendide ; de là vient que dans ta famille on voit extraire et préparer le jus de la plante sacrée qui sert aux sacrifices. Tu manges la nourriture comme un feu brûlant et tu vois autour de toi des fils, ou d'autres êtres qui te sont chers. Celui qui adore le ciel pour l'Ame universelle jouit comme toi d'une nourriture abondante, il contemple un objet qu'il aime, et il voit sa famille occupée des soins les plus pieux de la religion. Mais ce n'est là que la tête de l'Ame. Tu as perdu ton intelligence de n'être pas venu plus tôt à moi.

« Il se tourna ensuite vers Satyagadjnya, fils de Pouloucha et lui dit : Qu'adores-tu comme l'Ame, ô descendant de Prakchinayoga ?

« Le soleil, répondit-il, ô roi vénérable. — Cette portion de l'univers que tu adores est bien changeante, aussi vois-tu dans ta famille les formes les plus diverses. Tu as un char attelé de cavales, tu as un trésor et des femmes esclaves t'entourent. Tu consommes une nourriture abondante, et tu contemples un agréable objet. Celui qui adore le soleil pour l'Ame universelle a les même joies et trouve dans sa famille l'accomplissement de tous les devoirs religieux. Mais ce n'est là que l'œil de l'Ame, tu as été aveuglé de n'être pas venu plus tôt à moi, dit le roi.

« Puis s'adressant à Indradyoumna, le fils de Bhallavi, il lui dit : Qu'adores-tu pour l'Ame, ô fils de Vyaghrapad ?

« L'air, répondit celui-ci, ô roi vénérable. Cette portion de l'univers que tu adores pour l'Ame, dit le roi, est diffuse et répandue partout, aussi reçois-tu de nombreux présents. Une longue file de chars te suivent, tu consommes une abondante nourriture et tu vois près de toi un objet qui te plaît. Celui qui adore l'air pour l'Ame universelle, jouit d'une nourriture abondante et contemple un objet qui le charme, il accomplit dans sa famille tous les devoirs religieux. Mais ce n'est là que le souffle de l'Ame. Tu as perdu le souffle, ajouta le roi, en ne venant pas plus tôt près de moi.

« Il interrogea ensuite Djava, le fils de Sarkarakshya. Qu'adores-tu pour l'Ame du monde, ô fils de Sarkarakshya ?

« L'éther, ô roi vénérable, répondit celui-ci. — Cet élément éthéré que tu adores pour l'Ame universelle, est abondant, et c'est pour cela que tu abondes toi-même en postérité et en richesse. Tu consommes la nourriture, et tu vois un objet qui te plaît. Celui qui adore l'éther pour l'Ame du monde consomme la nourriture, et voit un objet aimé, et il a tous ses devoirs religieux dans sa famille. Mais ce n'est là que le trône de l'Ame, et le trône s'est dérobé sous toi, ajouta le roi, parce que tu n'es pas venu plus tôt à moi.

« En cinquième lieu le roi interrogea Voudila, fils d'Asvatarasvâ. Qu'adores-tu comme l'Ame du monde, ô descendant de Vyaghrapad ?

L'eau, répondit celui-ci, ô roi vénérable. L'eau, répondit le roi, cette portion de l'univers que tu adores comme l'Ame, est riche, et c'est de là que tu es si opulent et si fortuné. Tu consommes de la nourriture et tu vois un agréable objet. Celui qui adore l'eau pour l'Ame du monde jouit des mêmes biens, contemple aussi un cher objet, et a toutes les occupations religieuses dans sa famille. Mais l'eau n'est que le ventre de l'Ame, et ton intelligence n'a vu que le ventre, parce que tu n'es pas venu plus tôt à moi, ajouta le roi.

« Enfin le roi interrogea Ouddâlaca, le fils d'Arouna. Qu'adores-tu, lui dit-il, pour l'Ame du monde, ô descendant de Gôtama.

« La terre, répondit celui-ci, ô roi vénérable.— Cette portion de l'univers que tu adores est solide, et voilà pourquoi tu es toi-même si solidement heureux et de de la famille qui t'entoure et des troupeaux que tu possèdes. Tu consommes de la nourriture et tu vois le plus aimable objet. Celui qui adore la terre pour l'Ame du monde, partage des joies pareilles, il voit un objet aimé et il a ses occupations religieuses dans sa famille. Mais ce n'est là que le pied de l'Ame, et ton pied a été boiteux, ajouta le roi, parce que tu n'es pas venu plus tôt à moi.

« Puis, s'adressant à tous les cinq ensemble (nous recommandons la lecture du passage suivant à tous ceux qui voient dans les Védas la manifestation d'un panthéisme primitif basé sur l'adoration des forces de la nature. Asvapati, fils de Kekaya, va leur répondre. A chacun de ses interlocuteurs, il vient de dire : Non, vous vous trompez, ce n'est ni le feu, ni le soleil, ni l'air, ni l'eau, ni l'éther qui représentent l'Ame universelle. Nous recommandons aussi ce passage à ces orientalistes, enragés bouddhistes, qui attribueraient volontiers à Bouddah les plus pures doctrines du brahmanisme.)

« Vous regardez, dit le roi aux sages qui l'entourent, l'Ame universelle comme un être particulier et individuel, distinct de l'ensemble, comme vous-mêmes avez des idées, des sensations, des plaisirs différents. Vous vous trompez.

« Il faut regarder et adorer comme l'Ame universelle ce qui reste *Un* tout en se manifestant par ses parties diverses. Et celui qui conçoit cet *Un* dans sa conscience, possède la nourriture céleste de la science; de tous les mondes, de tous les êtres, de toutes les âmes. Sa tête rayonne de vérité comme celle de l'Ame universelle, son œil pénètre sans peine tous les mystères, son souffle anime tout, son trône est une base solide, et son intelligence est développée ; ses pieds sont la terre, son sein est un autel où il adore *l'infini*, sa chevelure est le gazon sacré des sacrifices, son cœur est le feu domestique, son esprit est la flamme sainte et de sa bouche sort la prière qui est l'offrande.

« Et quand il offre le sacrifice à l'Ame suprême, par ce sacrifice l'air, l'éther, le soleil, le feu, tout ce qui est dans le ciel, sur la terre et dans les eaux, est conservé et l'homme lui-même est heureux, il possède une nombreuse postérité, des troupeaux en abondance ; toute force, toute splendeur, toute richesse vient de la connaissance de l'Ame universelle, et des sacrifices et des prières que l'homme lui adresse.

« Mais celui qui fait un sacrifice au feu sans connaître ce qui est l'Ame universelle, agit comme un homme qui réduit en cendres des charbons ardents, tandis que celui qui sait comment on doit offrir le sacrifice parce qu'il possède cette science fait son oblation dans tous les mondes, dans tous les êtres, dans toutes les âmes.

« Comme le brin de gazon sec (herbe de cousa) qu'on

jette dans le feu sacré y est sur-le-champ consumé, de même sont consumés tous les péchés de cet homme. Celui qui sait cela, quand même il donnerait les restes du sacrifice à un impur Tchandala, celui-là ne diminuera pas la valeur de l'offrande qu'il a présentée à l'Ame universelle.

« Comme en ce monde les enfants qui ont faim se pressent autour de leur mère pour obtenir d'elle la nourriture du corps, que tous les êtres animés se pressent autour du sacrifice et de l'oblation sainte, pour obtenir de l'Ame universelle la nourriture céleste qui rend immortel. »

Nous en avons fini avec ces citations qui etablissent d'une manière très nette et très simple le rôle joué par les quatre Védas dans un but unique : *la réglementation du culte brahmanique*.

Ainsi que nous l'avons déjà dit :

Le *Rig-Véda* chante le Dieu germe, *le Dieu irrévélé*, le Dieu type, l'Être qui existe par ses seules forces.

Le *Sama-Véda* célèbre les manifestations diverses de cette pure essence qui devient créatrice, chante Brahma, *le Dieu manifesté*.

Le *Yadjour-Véda* établit la doctrine, créa la philosophie religieuse, la science et les rites.

L'*Atharva-Véda* donne les prières, incantations, évocations spéciales, ainsi que les formules mystérieuses qui ont le pouvoir d'apaiser les mauvais esprits, de se rendre les bons propices, et de chasser loin de soi les fléaux, les maladies, la mort.

Le *Rig* fut spécialement le livre de brahmes.

Le *Sama* et l'*Iadjour*, ceux des savants, des philosophes, et en général des castes supérieures.

L'*Atharva* fut celui des classes inférieures.

Il y a quatre Védas, comme il y a quatre castes comme il y a quatre âges dans l'humanité, et il est assez singulier de voir comment les brahmes rapprochent étrangement ces choses entre elles.

Voici le tableau qu'ils font apprendre par cœur dans leurs aghraras, pour les jeunes brahmatchari ou élèves en théologie.

Première caste.	*Premier livre.*	*Premier âge du monde.*
Les brahmes.	Rig-Véda.	Crita-youga.
Deuxième caste.	*Deuxième livre.*	*Deuxième âge.*
Les xchatrias.	Sama-Véda.	Trata-youga.
Troisième caste.	*Troisième livre.*	*Troisième âge.*
Les vaysias.	Le Yadjour-Véda.	Dwapara-youga.
Quatrième caste.	*Quatrième livre.*	*Quatrième âge.*
Les soudras.	Atharva-Véda.	Cali-youga.

Les commentateurs brahmaniques ajoutent que castes, livres et âges sont dans les mêmes rapports de supériorité entre eux.

Ainsi la caste des brahmes, la caste des prêtres, la meilleure entre toutes, est mise sur la même ligne que le *Rig-Véda* qui célèbre l'Être suprême, et que le crita-youga ou âge d'or pendant lequel le bonheur, la vertu et la paix ont régné exclusivement sur la terre.

La caste des rois ou xchatrias est mise sur la même ligne que le *Sama-Véda*, qui célèbre les manifestations sur la terre de Brahma, le Dieu créateur, et que le trata-youga ou âges des combats et des luttes héroïques.

Les vaysias ou marchands sont mis sur la même ligne que le *Yadjour-Véda* ou livre des rites et des sacrifices, sans doute parce que c'était l'or des trafiquants qui payait les riches oblations, et que le dwapara-youga, ou âge du négoce et de la duplicité.

Enfin les soudras, ou artisans, serviteurs, gardeurs de bestiaux, sont mis sur la même ligne que l'*Atharva-Véda*, ou livre des incantations et conjurations magiques et que le cali-youga ou âge du mal.

Nous n'avons pas à insister sur ces rapprochements légèrement cabalistiques, que nous ne donnons du reste qu'à titre de curiosité, et pour montrer à quel point les conceptions les plus singulières des brahmes ont laissé de profondes traces dans l'histoire de l'humanité. Il est hors de doute que les quatre âges des Grecs, l'âge d'or, l'âge d'argent, l'âge d'airain, l'âge de fer ne sont que des souvenirs de la vieille tradition asiatique.

Le *divin* Manou, comme l'appellent les brahmes, dont nous allons bientôt étudier la mythologie, est l'abrégé complet, orthodoxe, des quatre Védas, il représente dans son langage plus accessible au vulgaire comme une réduction de la parole divine de l'Écriture sacrée.

« Sachez, ô vous qui m'entendez, dit Sonasepa, qu'il n'y a pas une parole de Manou qui ne soit issue du Véda. »

Avant d'aborder cette partie de notre tâche et de faire connaître la plupart des mythes indous qui ont donné naissance à tout l'Olympe grec et latin, il n'est pas sans intérêt de nous poser une fois de plus cette question :

Par qui les hymnes des Védas ont-ils été composés et chantés ?

Par des populations blondes venues des rives de l'Oxus et de la Caspienne pour civiliser l'Inde, répond l'école allemande, dans sa soif de voir des Germains partout et de faire de la science de race.

Par des peuples qui se sont épanouis dans les plaines et les vallées de l'Himalaya, répond l'école française, et qui de là, sous les noms d'Iraniens, de Celtes, de Pélages, de Germains et de Slaves, sont partis traversant les montagnes, les fleuves, les épaisses forêts, les déserts, les steppes, et ont été coloniser l'Occident.

Je ne m'étendrai pas longuement sur une réponse que j'ai faite déjà tant de fois aux prétentions de l'école allemande, je me bornerai à lui présenter ces deux arguments scientifiques auxquels elle ne répondra jamais.

1° Les contrées de l'Oxus et de la Caspienne sont

des pays désolés, *séjour des malins esprits*, dit le Boundésech des Parsis, déserts de feu l'été, déserts de glace l'hiver, où il est impossible qu'une civilisation quelle qu'elle soit se soit épanouie ; faire venir de ce pays, où il n'existe ni ruines, ni tradition, la grande civilisation indoue, est le plus singulier tour de force scientifique (lisez escamotage) qui se puisse voir. Tout le triomphe de cette théorie consiste à dire ceci : Il est vrai qu'il n'y a rien, ni ruines ni tradition, aucune trace ethnographique en un mot dans ces contrées, *mais prouvez-moi qu'il n'y a jamais rien eu !* Il faut avoir un cerveau allemand triplement bardé de syllogismes biscornus, pour ne pas voir que c'est à celui qui place dans un désert le berceau de la plus étonnante civilisation qui ait existé dans le monde, à prouver par des textes, des monuments épigraphiques, des ruines, des traditions, un vestige ethnographique quelconque, la vérité de ses affirmations.

Or nous attendons un texte, une inscription, une ruine, une tradition, un vestige quelconque, *un seul* qui vienne démontrer que les auteurs des Védas, les ancêtres des brahmes, sont nés sur les rives de la Caspienne ?...

On ne nous le donnera pas.

Parce que cette hypothèse est une invention d'hier, une invention germanique, née avec les *jeunes* projets de domination universelle, que les habitants des bords de la Sprée ont conçus depuis quelques années. Ces braves gens veulent prouver scientifiquement que, depuis six mille ans et plus, ils sont en avance sur les autres peuples du globe, puisque les

Védas sont écrits dans une langue indo-germanique. C'est ainsi qu'ils appellent le sanscrit.

2° Je mets au défi tous les indianistes allemands, linguistes et ethnographes, de me montrer un seul mot, *un seul* extrait, soit des Védas, soit de Manou, soit de leurs commentaires contemporains, qui fasse l'allusion même la plus éloignée à une autre contrée que l'Inde, comme berceau de la civilisation védique et brahmanique. Tout au contraire, Manou, le divin, prend soin de bien délimiter la partie de la terre de l'Inde où il place les origines de cette race merveilleuse, dont le langage, les idées, les croyances, les mœurs ont civilisé le monde ancien et dominent encore le monde moderne par leurs traditions.

Sloca 11, livre 11 :

« La région située entre les monts Himalaya et les monts Vindhyas à l'est de Vinasana, à l'ouest de Prayaga, est appelée Madyadésa (pays du milieu).

***

« Depuis la mer orientale jusqu'à la mer occidentale, l'espace compris entre ces deux montagnes est désigné par les sages sous le nom d'Aryâvarta (pays des hommes honorables).

***

« C'est de la bouche d'un brahme né dans ce pays que tous les hommes sur la terre doivent apprendre leurs règles de conduite spéciale. »

***

Si nos adversaires avaient un texte pareil, ils déclareraient la question vidée, enterrée, et ne permettraient même pas l'ombre d'une objection à leur système.

Pour nous, nous n'édifions pas un système, nous déclarons simplement que Manou a tranché la question, à une époque où il ne prévoyait guère l'existence future d'indianistes européens, qui se creuseraient la cervelle pour remplacer la vérité historique par des hypothèses.

Le langage de Manou est des plus simples.

« L'Aryâvarta » ou pays des Aryas, c'est-à-dire des Indous de race noble, depuis la mer orientale jusqu'à la mer occidentale ; c'est-à-dire de l'est à l'ouest, est compris entre les monts Vindhyas et les monts Himalaya. Or comme les monts Vindhyas sont au sud, et les monts Himalaya au nord, il s'ensuit que nous possédons parfaitement délimitée, par Manou, c'est-à-dire par un des plus anciens documents de l'Inde, la contrée que les Indous eux-mêmes regardent comme le berceau de leur race.

L'Inde, cette merveilleuse contrée dont la langue, le sanscrit, a formé toutes les langues indo-européennes, dont les mythes ont inspiré tous les mythes chaldéo-babyloniens, égyptiens, grecs, latins, celtiques, slaves et scandinaves, est en ce moment l'objet de bien singulières attaques. Pour expliquer ce cachet indélébile que la vieille *alma parens* a imposé au monde par ses émigrations, ses idées, ses croyances, ses types de race encore vivants, certains orientalistes, inventeurs *de spécialités*, ont lancé dans le monde scientifique des opinions tellement singulières qu'il suffit de les signaler pour en faire justice. Les malheureux n'ont pas vu que l'ensemble touchant avec lequel ils copiaient le même argument suffisait à détruire la valeur de ce dernier.

Oui ! disent les hellénistes, nous reconnaissons parfaitement que le sanscrit et le grec ont les mêmes radicaux, la même syntaxe, que les mythes indous et les mythes grecs se ressemblent, mais qu'est-ce que ça prouve ?

Que c'est la Grèce qui a civilisé l'Inde.

Comment civilisé l'Inde ?

Oui, à l'époque de la conquête d'Alexandre.

Ainsi le sanscrit serait du grec du temps d'Alexandre, les Védas, Manou, les *Pouranas*, le *Ramayana*, le *Mahabharata*, et les milliers d'ouvrages sanscrits, n'existeraient que depuis Alexandre; depuis Alexandre qui aurait conquis l'Inde, mais qui, contrairement à tous les conquérants, s'est dépêché de se sauver après ses victoires comme s'il eût été vaincu.

Et c'est un professeur lyonnais, un extrait quintessencié de l'Ecole normale, dernier refuge des grecs, qui a écrit cela dans un gros volume.

Il y a encore de beaux jours pour la gaieté française?

Et que faisaient donc les 150 millions d'Indous avant Alexandre, ô illustre professeur? parlaient-ils le javanais, ou le patois de la Croix-Rousse? Vous verrez bientôt que ce sera un *canut* qui aura tissé le premier châle cachemire.

Je m'en veux un peu de la forme que je viens de donner à ma pensée, mais franchement il y a des idées si réjouissantes, qu'on ne peut s'empêcher de les traiter comme elles le méritent... par le rire.

Mais attendez, vous n'êtes pas seul, et si vous croyez qu'on va vous laisser tranquille avec votre Alexandre qui civilise l'Inde rien qu'en regardant l'Indus?

Oui, s'écrie à son tour M. Lenormand, François, et beaucoup d'assyriologues, il est impossible de nier tous les signes ethnographiques qui rattachent entre elles l'Inde et l'antique Chaldéo-Babylonie.

Mais qu'est-ce que ça prouve?

Que c'est l'ancienne Chaldéo-Babylonie qui a civilisé l'Inde.

Et de deux, helléniste et assyriologue... *Arcades ambo.*

— Vous vous trompez! s'écrie le professeur Oppert, les populations primitives qui ont colonisé l'Inde et la Babylonie, venaient du Touran.

Et de trois!... celui-là est encore plus fort que les autres : il a inventé les Touraniens, peuples inconnus avant lui, dont il n'a jamais pu établir l'état civil.

Vous croyez que c'est fini... allons donc, vous connaissez bien mal l'humanité...

Pour les égyptologues, c'est l'Égypte qui a civilisé l'Inde et lui a donné ses mœurs, ses croyances, ses dieux.

Pour les sémitologues, c'est la Bible qui a inspiré les Védas et Manou.

Pour les sinologues, c'est la Chine qui a civilisé l'Inde et tout l'extrême Orient.

Il n'y a pas jusqu'aux trois ou quatre farceurs qui ont découvert les ruines d'Ancor, trente ans après qu'on en vendait les photographies dans les rues de Londres, qui ne se donnent des airs de prétendre que la civilisation de l'Inde vient du Cambodge.

Sans doute tous ces braves gens ne se sont pas entendus pour nous offrir, à nous autres indianistes, un aussi bel argument, mais il est clair que leur prétention à tous de faire coloniser l'Inde par leur pays de prédilection, montre qu'ils ont reconnu les rapports étroits des civilisations grecque, latine, égyptienne, chaldéo-babylonienne, hébraïque, chinoise et indo-chinoise, et de la civilisation de l'Inde, et que comme il est clair que tous ces pays ne peuvent pas jouer ensemble le rôle que leur attribuent leurs admirateurs, il est démontré par cela même que l'Inde ancienne a joué à l'égard de tous le rôle colonisateur que l'Europe a joué et joue encore à l'égard des deux Amériques, de l'Australie, de la Nouvelle-Zélande et des nombreuses îles de l'Océanie qu'elle colonise depuis un siècle.

Ainsi se pose le dilemme :

Ou l'Inde a reçu successivement l'empreinte, l'influence de l'Egypte, de la Grèce, de Rome, de la Chaldéo-Babylonie, du Touran, des Cambodgiens, des Chinois, des Slaves, des Scandinaves, des Germains et des Celtes, ce qui serait aussi absurde et d'un anachronisme aussi réjouissant que si l'on faisait coloniser Athènes par les Auvergnats.

Ou bien c'est l'Inde qui, par un phénomène d'expansion naturel, a colonisé toutes ces contrées.

Les preuves en faveur de la maternité de l'Inde sont telles aujourd'hui, que les nier c'est se décerner tout simplement un brevet d'ignorance... oui, d'ignorance, car nous aimons mieux croire à l'ignorance qu'à la mauvaise foi.

Il est impossible que ceux qui émettent la monstrueuse prétention que la Grèce aurait civilisé l'Inde connaissent un seul mot de sanscrit, aient ouvert une seule page des Védas ou de Manou, sans cela l'idée ne leur serait même pas venue de produire une aussi singulière opinion. Nous leur recommandons simplement, dans l'intérêt de leurs propres études, la méditation du tableau suivant, où nous avons réuni le premier temps du verbe être, le verbe type, le seul, en résumé, qui mérite ce nom de verbe, en quatorze langues; ils verront après cela de quel poids la fameuse légende d'Alexandre, vainqueur d'après les Grecs, honteusement battu et mis en fuite sur l'Indus d'après les Indous, doit être dans une pareille question.

SANSCRIT

Asmi (je suis).
Asi (tu es).
Asti (il est).
Svas (nous deux sommes).
Sthas (vous deux êtes).
Stas (ils deux sont).
Smas (nous sommes).
Sta (vous êtes).
Santi (ils sont).

LANGUES DÉRIVÉES

LITHUANIEN.	ZEND.	DORIEN.	VIEUX SLAVE.	LATIN.	GOTHIQUE	ARMÉNIEN.	VALAQUE
Esmi.	ahmi.	ἐμμί.	yesme.	sum.	im.	em.	sum.
Essi.	ahi.	ἐσσί.	yesi.	es.	is.	es.	es.
Esti.	asti.	ἐστί.	yesto.	est.	ist.	ê.	é.
Esva.	—	—	yesva.	—	siju.	—	—
Esta.	stho.	ἐστόν.	yesta.	—	sijuts.	—	—
Esti.	sto.	ἐστόν.	yesta.	—	—	—	—
Esmi.	hmahi.	ἐσμές.	yesmo.	sumus.	sijum.	emq.	suntemu
Este.	sta.	ἐστέ.	yesti.	estis.	sijuth.	êq.	sunteti.
Esti.	henti.	ἐντί.	somté.	sunt.	sind.	en.	sunt.

ITALIEN.	RHÉTIEN.	ESPAGNOL.	PORTUGAIS.	FRANÇAIS.
Sono.	sunt.	soy.	son.	suis.
Sei.	eis.	eres.	es.	es.
È.	ei.	es.	hé.	est.
Siamo.	essen.	somos.	somos.	sommes.
Siete.	esset.	sois.	sois.	êtes.
Sono.	ean.	son.	sao.	sont.

Ainsi le premier verbe qui apparaisse au début de tous les âges linguistiques, le premier sans contredit dont l'homme se soit servi, puisqu'il indique sa propre existence, et qui suffirait à lui seul pour rendre toutes les formes verbales :

Je suis aimant,
Je suis mangeant,
Je suis dormant,
Je suis parlant,
Je suis chassant,

et, passant de l'actif au passif,

Je suis aimé,
Je suis battu,
Je suis repoussé,
Etc., etc.

Le premier verbe que l'être humain balbutie, le seul qu'on ne puisse supprimer, le seul à proprement parler qui soit un verbe, est, cela ne peut pas plus se nier que la lumière, *d'origine sanscrite.*

Voyons maintenant si nous ne trouverons pas des preuves au moins aussi frappantes dans les premiers mots que l'homme a dû naturellement assembler après avoir constaté, reconnu sa propre existence...

Asmi, je suis.

Qu'on lise le tableau suivant et les explications qui vont naturellement en découler, et nous ne craignons pas de dire qu'à part les gens qu'on ne convainc jamais, parce que, de propos délibéré, ils ne veulent jamais détruire de leurs mains leur propre système, il restera peu de partisans de la civilisation grecque allant transformer l'Inde, parmi les esprits impartiaux et éclairés.

FRANÇAIS	SANSCRIT.	ZEND.	GREC.	LATIN.	GOTHIQUE.	IRLANDAIS
Père.	pitar.	patar.	πατήρ.	pater.	fadar.	athair.
Mère.	mâtar.	matar.	μήτηρ.	mater.	madar.	mathair.
Frère.	bhrâtar.	brâtar.	(φρατήρ)	frater.	brôlhar.	bralhair.
Sœur.	svasar	qanhar.	—	soror.	svistar.	siur.
Fille.	duhitar.	dughdhar	θυγάτηρ.	—	dauhtar	dear.

Voilà bien, n'est-ce pas, les premiers noms que l'homme, en possession des formes du langage articulé, a dû balbutier.

Viennent-ils du sanscrit ou du grec?

J'éprouve quelque honte à poser cette question, car, dans le domaine de la science pure, linguistes et indianistes souriront de me voir m'arrêter à des questions aussi enfantines. Aussi dois-je dire que si j'insiste, c'est pour mettre en garde tous les esprits intelligents que la nature de leurs études n'a point mis à même d'approfondir ces vérités, contre la réaction ignorante que certains hellénistes tentent contre l'Inde ancienne au profit de la Grèce.

1° Si ces mots venaient du grec, il faudrait dire que le grec a formé non-seulement le sanscrit, mais encore le zend, le gothique, l'irlandais, etc., nous ne pensons pas qu'on puisse insister devant un pareil non-sens.

2° Mais un point sur lequel nous insisterons, c'est celui-ci : si ces mots viennent du grec, le grec lui-même va pouvoir nous dire comment ces mots se sont formés.

Eh bien ! cela lui est impossible.

Le grec va d'abord perdre ses formes indo-européennes : *bhrâtar* et *svasar*, frère et sœur, que toutes les autres langues ont gardées, *brâtar*, *brathair*, *brothar*, *brother*, *svistar*, *soror*, *sister*, *sestra*, *siur*, sœur, premier argument qui prouve que les langues indo-européennes ne doivent pas cela au grec, mais bien au sanscrit.

Quant aux formes πατήρ, μήτηρ, θυγάτηρ, père, mère, fille, elles possèdent un sens constitué, définitif, dont le grec ne nous fera jamais l'historique, car il a perdu la tradition linguistique qui a présidé à leur éclosion, et il nous faudra remonter jusqu'au berceau indou pour trouver dans le sanscrit l'analyse de ces formes communes à toutes les langues anciennes et modernes qui ne se rattachent pas au rameau sémitique.

Le nom du père, en sanscrit, est dérivé de la racine PA.

Cette racine ne signifie pas engendrer, mais protéger, nourrir. Elle n'exprime pas l'idée de génération, mais l'idée de soutien. *Patar*, la forme primitive que l'on trouve en sanscrit védique aussi bien que la forme plus moderne de *Pitar*, est le *mari* de la *mère*, le chef de la famille, le protecteur ; son nom prouve qu'il accepte la paternité, c'est-à-dire la protection de toute la famille, sens que le grec n'a pas et que le latin conservera dans le *pater familias*.

Le père, comme générateur, est en sanscrit *gânitar*.

De là vient que le membre du même clan, de la même famille, dira bien en sanscrit, en parlant du chef :

— *Me pitar*, mon père, c'est-à-dire mon protecteur.

Mais le fils seul aura le droit de dire :

— *Me ganitar*, mon père, c'est-à-dire celui qui m'a engendré.

De même *matar* est la mère de famille, et *ganitri* est la mère naturelle, celle qui a procréé l'enfant.

Ce n'est que plus tard que *pitar* et *matar* ont perdu leur sens étymologique, pour devenir le père et la mère, expression de tendresse.

En un mot, *pitar* et *matar* se sont fixés dans la langue sanscrite comme les noms définitifs du père et de la mère.

Les formes *pitar* et *matar* indiquent d'une façon absolue l'origine sanscrite de toutes les autres formes grecques, latines, gothiques, zend, irlandaises, allemandes, slaves qui en dérivent, car, pour ne parler, par exemple, que de la racine PA, qui exprime en effet un des attributs caractéristiques du père, la protection qu'il donne à l'enfant, une foule de mots qui en ont été formés auraient pu devenir également le nom du père.

En sanscrit l'idée de protecteur peut être exprimée non seulement par la racine PA suivie du dérivatif *tar*, mais encore par PA, suivi des dérivatifs *pa-lâ*, *pa-laka*, *pâ-yu*, qui tous signifiaient protecteur.

Si donc tous les dialectes indo-européens, dont on ne peut nier la communauté d'origine, l'identité des racines, ont tous fait suivre la racine PA du dérivatif *tar*, *patar*, *pater*, *fathar*, *father*, *athar*, etc., cela prouve :

1° Que l'expression fixée, définitive de *patar*, *pitar* est bien d'origine sanscrite;

2° Que toutes les tribus indoues qui ont été coloniser le monde n'avaient pas encore quitté les plaines du Gange à l'époque où le sanscrit avait déjà acquis la consistance d'un idiome constitué et fixé.

A quelle époque de son âge linguistique la Grèce aurait-elle pu donner ces expressions primitives à toutes les races indo-européennes? A quelle époque de son âge historique la Grèce aurait-elle pu coloniser et donner leur langue à tous ces pays, où se sont parlés et se parlent le sanscrit, le zend, le gothique, le slave, l'irlandais et toutes les langues modernes, celtiques, germaniques et scandinaves ?

A quelle époque enfin la Grèce, dont les villes les plus puissantes n'ont jamais été que d'infimes bourgades, aurait-elle pu faire rayonner ses fils sur le monde entier et devenir ainsi la mère des Indous, des Parsis, des Slaves, des Scandinaves, des Germains et des Celtes?

Et cependant il faut que cela soit : ou la Grèce a peuplé et civilisé le monde ancien ; ou, comme tous les peuples de l'antiquité et tous les peuples modernes, elle est fille de la vieille mère indoue, fille de la vieille et étonnante civilisation qui s'est épanouie sur les bords du Gange, dans l'immense quadrilatère compris entre le Godavery, le Brahmapoutre, les monts Himalaya et l'Indus, fertiles contrées qui nourrissent encore aujourd'hui plus de deux cent cinquante millions d'hommes, etqui, après avoir fait la richesse du monde ancien, font aujourd'hui la richesse de l'Angleterre.

Un dernier mot, une dernière preuve, bien qu'elle soit dans le même ordre d'idées, je la donne encore, tellement elle est frappante.

Duhitar, en sanscrit, et θυγατηρ, en grec, signifient fille.

Le grec pourrait-il nous faire l'histoire linguistique de son mot θυγατηρ, et nous prouver ainsi que le θυγατηρ grec n'est pas issu du *Duhitar* sanscrit?

Il n'y a rien à en tirer, c'est un mot fixé depuis longtemps, dont le grec a oublié la tradition, comme il a déjà oublié la tradition de πατηρ et de μήτηρ.

Le *duhitar* sanscrit, qui a formé toutes les expressions indo-européennes identiques, *dughdhar, dauther, daugther, dauthar*, etc., était un mot définitivement fixé à l'époque du départ des diverses émigrations qui ont été coloniser le monde, c'est ce qui explique qu'on le retrouve dans le zend, le gothique, le slave, l'irlandais, et dans tous les idiomes indo-européens, excepté dans le latin qui ne l'a pas conservé ; mais si le grec ne peut fournir la généalogie linguistique de son dérivé indo-européen, il n'en est pas de même du sanscrit.

Duhitar, comme l'a démontré l'illustre indianiste Lassen, est dérivé de *DUH*, racine sanscrite qui signifie *traire*. De là, *DUHitar, celle qui trait.*

Or, ce nom de *Duhitar, celle qui trait*, donné à la fille de la maison, indique admirablement la fonction de *traire le bétail*, dévolue aux filles avant leur mariage, chez tous les peuples pasteurs, et l'on sait, par les monuments littéraires des premiers âges de l'Inde, que la vie pastorale fut longtemps celle de nos ancêtres indous.

Cette expression de *Duhitar* fut d'abord un surnom, presque une caresse : notre petite laitière, disait le père en parlant de sa fille. Puis, peu à peu, en se généralisant, le mot a cessé d'être une épithète, il est devenu un terme courant, répondant à l'idée de fille, et est resté comme tel dans le langage de tous les émigrants indo-européens, dans le langage des Grecs, comme dans celui des Slaves, des Parsis, des Celtes, des Germains, etc.

Qu'on vienne donc après cela nous parler de l'influence de la Grèce.

Bien plus, on rencontre souvent dans les langues indo-européennes des dérivés qui ne se rattachent à aucun terme organique, qui *ne dérivent d'aucuns mots* de ces langues, mais dont on trouve la racine et le terme générique en sanscrit.

Ainsi, on ne trouve en grec aucune trace du mot sanscrit *napât*, petit-fils, en latin *nepos*; en germain *néfo*, et cependant nous avons en grec le dérivé ἀ-νεψιός, cousin germain, c'est-à-dire petit-fils du même grand-père. Le terme générique en grec, si on pouvait l'imaginer, serait νεπους, or, comme il n'existe pas, on est bien forcé de remonter au sanscrit *napdt*.

Il serait difficile, je crois, de donner des preuves plus convaincantes, à moins de soutenir que ce sont les dérivés grecs qui ont formé les termes génériques sanscrits ; il y a des gens capables de toutes les absurdités.

En sanscrit mari se dit *Dava.*

Vi signifie *sans, privé de.*

D'où le mot *vidava,* sans mari, *veuve.*

Or, le mot *dava,* mari, a disparu de toutes les langues indo-germaniques et du latin.

Mais toutes ces langues ont conservé le dérivé sanscrit :

Vidava, veuve.
Latin, *vidua.*
Slave, *vedova.*
Gothique, *viduvo.*
Vieux prussien, *Widdewû.*
Celtique, *feadvha.*

Pas un savant n'a jamais osé soutenir que ces mots ne soient des dérivés du sanscrit *vi-dava* et il est d'indiscutable opinion aujourd'hui que toutes ces langues sont elles-mêmes issues de la vieille langue brahmanique, qui se parlait sur les rives du Gange des siècles avant que Memphis et Thèbes aux cent portes aient pu jeter leurs fondations, plusieurs milliers d'années avant que les petites tribus grecques aient quitté l'Asie Mineure pour aller bâtir leurs petits villages dans l'Hellade.

Oui, n'en déplaise et à tous les vieux grecs qui se cramponnent à leurs vieux systèmes, la mère des langues slaves, scandinaves, germaniques, celtiques et latines, le sanscrit est également l'ancêtre du grec, et l'Indoustan où vivaient cent cinquante à deux cents millions d'hommes, parlant la langue la plus perfectionnée qui soit au monde, loin d'avoir eu besoin de la Grèce, a laissé tomber au contraire, sur ce petit pays quelques rayons de cette incomparable civilisation qui a dominé le monde ancien tout entier. Oui, l'Inde a été le grand centre de lumière comme elle a été le grand centre commercial et industriel.

Eh quoi, le pays qui fournissait au monde entier
L'or et les bijoux manufacturés,
L'argent,
Les diamants,
La soie, le coton, les tissus,
La pourpre,
Les épices,
Les produits tinctoriaux, etc.,

Qui possédait des corps de métiers et d'artisans pour transformer, cultiver, préparer, manufacturer tous ces produits, nous en verrons la nomenclature dans Manou... le pays que les Arabes et que les Mogols ont mis cinq siècles à conquérir par la surprise et la trahison, le pays que les Portugais, les Hollandais, les Français ont vainement tenté de subjuguer, le pays que les Anglais, profitant des conquêtes de ces derniers peuples, ont mis plus d'un siècle à soumettre, avec toutes les ressources de l'art moderne, et dont ils n'ont eu raison qu'en semant partout la division... ce pays-là, aurait été subjugué par Alexandre qui possédait un effectif de 24,000 hommes en quittant la Grèce, et qui n'est venu faire tête sur l'Indus qu'après ses campagnes d'Assyrie et d'Egypte... c'est-à dire après avoir perdu pas mal des siens? Et cette conquête faite, il l'aurait abandonnée, devant la mutinerie de ses soldats qui refusaient d'aller plus loin ? Allons donc, ces choses-là se disent en musique dans une opérette-bouffe ou bouffonne, mais ne se disent pas sérieusement. Demandez aux Arabes, aux Mogols, aux Portugais, aux Hollandais, aux Français... quand on a mis le pied dans l'Inde, on ne quitte cette splendide et riche contrée, grenier d'abondance de l'Orient, que chassé par un autre conquérant. Demandez aux Anglais s'ils s'en iront avant que les Russes ne les chassent.

Les soldats d'Alexandre s'étaient mutinés, dit la légende grecque, et il fallut retourner en arrière.

Mutinés après la victoire, mutinés gorgés de butin, mutinés pour quitter l'Inde... où avez-vous pris ces soldats-là ?... Mais s'ils eussent été victorieux, ils se fussent plutôt mutinés pour ne pas quitter l'Inde, Alexandre aurait eu le moyen de faire du dernier de ses officiers un gouverneur de province, du dernier de ses soldats un général. Sur cette terre d'abondance et de délices, les Grecs se fussent implantés comme les Arabes, comme les Mogols, comme les Européens,... et ils eussent gardé leur conquête... Savez-vous ce qu'il y a de vrai dans cette histoire des vieux Grecs, ces Gascons de l'antiquité ; c'est, je vous l'ai déjà dit : qu'Alexandre a été battu à plate couture sur les rives de l'Indus, et que ses soldats ont refusé de lutter plus longtemps contre des ennemis autrement énergiques et résolus que les soldats efféminés de Darius.

Toute cette histoire grecque, écrite d'un style incomparable, du reste (c'est ce qui a fait son succès, on a admiré les merveilles de la langue et on a pris au sérieux des contes qu'on a respectés par tradition classique), toute cette histoire, dis-je, ne peut plus se tenir debout devant la critique de la raison moderne.

Vous connaissez ce fait, du soldat Cynégire, frère d'Eschyle, arrêtant un navire de Xerxès avec la main droite, on la lui coupe, il l'arrête avec la main gauche. Vous croyez que c'est fini, allons donc ! vous ne connaissez pas les vantarderies grecques, Cynégire ne se tient pas pour battu, il arrête le vaisseau avec les dents... En voilà assez, n'est-ce pas ? Et il est inutile de dire que si le sieur Cynégire s'avisait aujourd'hui de vouloir arrêter non un vaisseau, mais un simple canot, en deux coups d'aviron, on l'entraînerait au large, pour prouver la naïveté de pareils contes auxquels nos pères ont cru comme à leur évangile... La Judée et la Grèce, voilà les deux grandes fabriques de récits à dormir debout de toute l'antiquité ; nous nous débarrassons peu à peu et chaque jour des contes bibliques, mais, pour Dieu ! qui nous délivrera des contes de « ma Mère l'Oye » renouvelés des Grecs ?

Il nous reste de la Grèce d'admirables monuments littéraires, la plus belle langue qui soit au monde après le sanscrit et la plus belle forme artistique en sculpture et en architecture que l'humanité ait conçue, c'est assez pour lui mériter notre respect et notre amour et nous ne l'en aimons et l'admirons que plus quand nous voyons combien la fille aînée de la vieille mère indoue a fait fructifier, au profit de l'humanité entière, l'héritage de l'ancêtre commune...

Quelques exemples encore :

Un des noms de l'époux en sanscrit est *pati*. Le li

thuanien a gardé la même forme *patis* et le gothique l'a modifiée en *patûs*.

Le grec, négligeant la forme plus étroitement dérivée πότις, a dit πόσις.

Mais remarquons l'étrangeté, le grec, après avoir dit πόσις, le maître, le chef, a dit πότνιά, la maîtresse. On ne peut se rendre compte de cette forme singulière ποτνια, qu'en remontant au sanscrit :

Masculin, *pati*, l'époux, le maître.

Féminin, *patni*, l'épouse, la maîtresse.

Ainsi le grec, après avoir transformé *pati* en πόσις, ne suit pas au féminin cette forme dérivative, et remonte à la pure dérivation sanscrite : *patni*, ποτνια.

Mais voici qui est plus convaincant encore : en sanscrit, *dasa* signifie *peuple*, *sujets* et *das-pati* maître du peuple, seigneur des nations. Or, le grec compose de la même manière son mot dérivé et dit δεσ-πότης, oubliant en cela sa forme πόσις comme il l'avait déjà oubliée dans ποτνια pour se rapprocher davantage du terme générique sanscrit *pati*.

Das-pati : δεσ-πότης.

Un des noms de père en sanscrit est *Ganaka*, de *gan*, engendrer. Les Védas emploient aussi ce nom pour signifier roi (père des peuples), c'est la racine du vieux germain *kuning*, de l'allemand *könig*, de l'anglais *king*. D'après la même racine, mère se dit aussi en sanscrit *gani*. On retrouve ce mot dans le grec γυνη, le gothique *quino*, l'anglais *queen*, le slave *quena*.

Rapprochons encore le sanscrit *dama*, maison, du grec δόμος, du latin *domus*, du slave *domü*, du celtique *daimh*.

Et cette partie la plus essentielle de la maison, la porte. En sanscrit *duar*, en gothique *daur*, en lithuanien *durrys*, en celtique *dor*, en grec θύρα, en anglais *door*, en latin *fores*.

Enfin le constructeur de cette maison se nomme :

En sanscrit, *taksan*,

En grec τέκτων.

Ainsi tous les noms primitifs de père, de mère, de frère, de sœur, de fils, de fille, de mari, de veuve, de maison, d'abri, certainement les premiers que les hommes balbutient, ne peuvent s'expliquer dans leurs formes et leurs dérivations, aussi bien dans le grec que dans toutes les langues indo-européennes : zend, slave, gothique, celtique, lithuanien, latin, grec, irlandais, et leurs dérivés modernes, allemand, anglais, espagnol, italien, arménien, valaque, rhétien, portugais et une foule d'autres, qu'en remontant aux termes génériques sanscrits, sources communes de toutes ces formes linguistiques. Après les noms caractérisant leur rudimentaire état civil, les premiers donnés par l'homme aux choses à son usage ont dû porter sur les bestiaux.

Là encore le sanscrit reste la langue mère.

Quelques exemples :

BÉTAIL

Sanscrit, *pasu*.
Zend, *pasu*.
Grec, πωυ.
Italique, *pecu*.
Etc., etc.

BŒUF

Sanscrit, *go* ou *bo*.
Zend, *gao*.
Grec, βοῦς.
Italique, *bos*.
Lithuanien, *gou*.
Celtique, *osô*.
Teutonique, *chuo*.
Etc., etc.

TAUREAU

Sanscrit, *staura*.
Zend, *staora*.
Grec, ταυρος.
Italique, *taurus*.
Teutonique, *stiur*.
Lithuanien, *taura*.
Slave, *tour*.
Celtique, *tor*.

GÉNISSE

Sanscrit, *stari*.
Grec, στεῖρα.

Arrêtons-nous sur cette expression qui va nous présenter le même phénomène linguistique déjà remarqué dans le sanscrit *pati*, *patni*, et le grec ποσις, ποτνια, c'est-à-dire du grec transformant *pati* en ποσις, mais revenant sans raison *propre* à la forme sanscrite pure et faisant son féminin ποτνια non de ποσις, mais du féminin sanscrit *patni*. *Staura*, taureau, *stari*, génisse, dit le sanscrit ; ταυρὸς, taureau, στειρα, génisse, dit le grec.

Par le même procédé que nous venons d'observer plus haut, le grec néglige la lettre *s* de *staura* et forme son mot masculin ταυρός, puis, quand il a à former génisse, au lieu de dire τέιρα de ταυρος, il semble faire un retour sur lui-même comme pour mieux accentuer son origine, et sans autre raison que celle de sa filiation naturelle, il remonte au sanscrit, rétablit la lettre *s* négligée et dit στεῖρα, du sanscrit *stari*.

Remarquons que brebis se dit :

En sanscrit, *avi*.
En grec, οἴς.
En italique, *ovis*.
En teutonique, *ewe*.
En lithuanien, *avis*.
En celtique, *oi*.

LE VEAU

En sanscrit, *vatsa*.
En grec, ἴταλος.
En italique, plus fidèle à la forme mère, *vitulus*.
En celtique, *vithal*.

LA CHÈVRE

En sanscrit, *aga*.
En grec, αἴξ.
En lithuanien, *ozes*.
En celtique, *aige*.

LA LAIE

En sanscrit, *sû*.

En grec, ὕς.
En italique, *sus*.

LE CHEVAL

En sanscrit, *asu*, *equ*, *asva*, *asppa*.
En grec, ἵππος.
En italique, *equus*.
En lithuanien, *asua*.
En celtique, *aspos*.

LE POULAIN

En sanscrit, *pôla*.
En grec, πῶλος.
En italique, *pullus*.
En teutonique, *pula*.

Le chien, cet ami de la maison et des enfants :

En sanscrit, *svan*.
En zend, *sva*.
En grec, κυων.
En italique, *canis*.
En lithuanien, *szu*.
En celtique, *cu*.

La souris, cet animal que le cultivateur trouve dans toutes ses réserves de graines et de fruits :

En sanscrit, *musch*.
En grec, μυς.
En zend, *musch*.
En teutonique, *mus*.
En slave, *mys*.

LE SERPENT

En sanscrit, *sarpa*.
En grec, ερπετόν.
En italique, *serpens*.

Et ce vieux mot de labourer qui a commencé avec le travail de la terre :

En sanscrit, *ar*.
En grec, αρόυν.
En italique, *arare*.
En haut allemand, *aran*.
En ancien slave, *arati*.
En lithuanien, *arti*.
En gaélique, *ar*.

Les champs, dans le sens général :

En sanscrit, *pada*.
En grec, πεδον.
En ombrien, *perum*.
En latin, *pedum*.
En polonais, *pole*.

Et le champ cultivé :

En sanscrit, *agra*.
En grec, ἄγρος.
En italique, *ager*.
En gothique, *akrs*.

LE BLÉ

En sanscrit, *yava*.
En zend, *yava*.
En lithuanie, *javai*.
En grec ζέα.

Et le nom du vêtement :

En sanscrit, *vastra.*

En gothique, *vasti.*

En latin, *vestis.*

En grec, ἐσθής.

TISSER

En sanscrit, *ve* et *vap.*

Le grec conserve ces deux radicaux Fή-τριου et ὑφ-αίνω.

En latin, *vieo.*

En haut-allemand, *wab.*

En anglais, *weave.*

COUDRE

En sanscrit, *siv* et *sutra fil.*

Même racine dans les langues indo-européennes.

En latin, *suo.*

En gothique, *suija.*

En haut-allemand, *siwa.*

En anglais, *sew.*

En lithuanien, *siur.*

En grec, χασ-συω.

Nah est une racine sanscrite qui a la même signification. De là :

Le latin, *neo* et *necto.*

Le grec, νεω.

L'allemand, *nahan* et *navan.*

Il est inutile, croyons-nous, de poursuivre ces exemples ; on en remplirait des volumes, et il est indiscutable, nos adversaires même le reconnaîtront, que les racines sanscrites et les racines grecques sont communes. Nous avons simplement voulu démontrer, par la comparaison *des appellations primitives des choses*, la filiation sanscrite de toutes les langues indo-européennes, dans lesquelles sont comprises les idiomes latins et grecs. Ces comparaisons démontrent que si le grec voulait d'aventure se proclamer l'ancêtre du sanscrit, il ne pourrait soutenir cet ignorant anachronisme qu'en se déclarant également la souche commune de toutes les langues indo-asiatiques et indo-européennes, qui reconnaissent hautement, au point de vue linguistique et historique, leur filiation sanscrite.

Voici la nomenclature de ces langues :

Les dialectes du Pendjab, au nombre de quinze.

Les dialectes du Canaudj, au nombre de huit.

Les dialectes du Behar, au nombre de onze.

Les dialectes du Bengale, au nombre de sept.

Les dialectes du Gouzerat, au nombre de neuf.

Soit cinquante dialectes dans le bassin du Gange.

Dans le sud :

Les dialectes du pays mahratte, au nombre de quatre.

Puis les groupes mixtes d'Orixa et de Coromandel, qui ont fait de tels emprunts au sanscrit que si on leur retranchait les mots qu'ils ont empruntés à cette langue, dit l'illustre William Jones, ils n'existeraient plus.

Puis parmi les langues iraniennes :

Le zend.

Le perse.

L'ancien arménien.

Le huzvôreche.
Le parsi.
L'arménien moderne.
L'afghan.
Le beloutche.
Le kourde.
L'ossete.
Le kourmandj, qui se parle à Mossoul, et les langues des Caures et des Tats.
Et enfin le groupe immense des langues indo-européennes :

SUBDIVISION GERMANIQUE

Le gothique.
Le danois.
Le suédois.
Le norvégien.
L'islandais.
Le vieux saxon.
L'anglo-saxon.
L'anglais.
Le bas-allemand.
Le hollandais.
Le flamand.
Le haut-allemand.

SUBDIVISION SLAVE

Le russe.
Le polonais.
Le ruthène.
Le tchèque.
Le slovaque.

Le serbe avec ses dialectes.
Le bulgare.
Le serbo-croate.
Le slavène.

SUBDIVISION GERMANO-LETTIQUE

Le vieux-prussien.
Le lithuanien.
Le lette.

SUBDIVISION CELTIQUE

Le breton.
Le gaulois.
Le carnique.
Le gallois.
L'irlandais.
L'erse.
Le mannois.

SUBDIVISION LATINE

Le latin.
Le français.
L'italien.
L'espagnol.
Le portugais.
Le provençal.
Le roumain.
Et enfin :
L'étrusque.
Le dace.
Le phrygien et ses dialectes,
Et l'albanais qui n'appartiennent à aucun groupe spécial.

Toutes ces langues ont des radicaux, qui, inapplicables au grec, se ramènent tous aux radicaux sanscrits ; ces langues, au point de vue linguistique, ne peuvent donc être issues que du sanscrit.

D'un autre côté, tous les radicaux grecs peuvent se ramener aux radicaux sanscrits.

Conclusion forcée, inévitable :

Le grec, comme toutes ces autres langues, n'est qu'un dérivé du sanscrit.

Terminons par quelques noms de nombre dans quelques langues types. Nous ne pouvons, en effet, sur ce point, comparer entre eux les trois cents et quelques dialectes indo-européens; qu'il nous suffise de dire qu'ils présentent tous les mêmes affinités, les exemples ci-dessous suffiront :

FRANÇAIS.	SANSCRIT.	GREC.	LATIN.	LITHUANIEN.	GOTHIQUE.
Un.	ekas.	εἶς.	unus.	wienas.	ains.
Deux.	dvan.	δύω.	duo.	du.	tvai.
Trois.	trayas.	τρεῖς.	tres.	trys.	threis.
Quatre.	katvaras.	τέτταρες.	quatuor.	keturi.	lidvor.
Cinq.	pauka.	πέντε.	quinque.	paki.	finef.
Six.	shash.	ἕξ.	sex.	szezi.	sains.
Sept.	sapta.	ἑπτά.	septem.	septyni.	sibun.
Huit.	asthan.	ὀκτώ.	octo.	azstuni.	ahtan.
Neuf.	nava.	ἐννέα.	novem.	dewyni.	nian.
Dix.	dasa.	δέκα.	decem.	deszint.	taihun.
Onze.	ekadasa.	ἕνδεκα.	undecim.	wieno-lika.	ain-lif.
Douze.	dvadasa.	δωδεκα.	duodecim.	dur-lika.	tva-lif.
Vingt.	vinsati.	εἴχοσι.	viginti.	dwi-deszinti.	tvaitigjus.
Cent.	satam.	εκατον.	centum.	szimtas.	taihun.
Mille.	sahasra.	κίλιοι.	mille.	tukstantis.	thusund.

En constatant ces ressemblances, ces identités qui

seraient étranges si elles ne s'expliquaient point d'elles-mêmes par une dérivation commune, nous remarquerons avec l'illustre Max Muller que le nombre *mille*, dans aucune de ces langues, ne peut se renouer à la racine sanscrite, et nous dirons comme lui que la numération des primitifs indous devait s'arrêter à cent avant la séparation des diverses tribus indo-européennes, qui s'en furent coloniser l'Occident.

« Mais nous remarquerons, ajoute le savant professeur d'Oxford, que le sanscrit et le zend ont conservé ce même nom de mille (sanscrit, *sahasra;* zend, *hazanra*), ce qui prouve que les ancêtres des brahmes et ceux des sectateurs de Zoroastre vivaient encore unis dans le berceau commun. »

Après cette accumulation de preuves, que dire des gens qui, fermant les yeux à la lumière, en sont encore à voir du grec partout :

Ah! pour l'amour du grec, souffrez qu'on vous embrasse.

Nous chargeons Max Muller de répondre aux Trissotins modernes.

« Les origines de la langue, de la pensée et de la tradition grecque, dit ce savant, se trouvent au delà de ce qu'on appelle le monde classique Il est étonnant de voir, même de notre temps, des hommes, profondément versés dans les études grecques et latines, fermer avec intention les yeux à ce qu'ils savent être la lumière d'un nouveau jour ; et ne voulant pas confesser leur ignorance sur aucune matière, ils essayent de se débarrasser des ouvrages d'un Bopp, d'un Humboldt ou d'un Bunsen, en signalant quelque erreur d'accent ou de quantité... Plus d'un helléniste peut être tenté de dire pourquoi, si nous pouvons dériver θεος de θέειν ou de τιθέναι, sortirions-nous de notre voie et chercherions-nous une autre racine? Quiconque n'ignore pas les vrais principes de l'étymologie pourra répondre à cette question... Celui qui ne part que du sol de la Grèce et de l'Italie, n'atteindra jamais ces profondeurs, n'arrivera jamais jusqu'à ces terrains primitifs, jusqu'à ces couches les plus anciennes de la pensée et du langage mythologique, s'il y a une nouvelle lumière à projeter sur la période la plus ancienne et la plus intéressante de l'histoire de l'esprit humain, la période où les noms ont été donnés aux choses et où les mythes out été créés. C'est des Védas seuls que peut venir la lumière. »

Nous venons de jeter un coup d'œil rapide sur cette période védique où les peuples de l'Inde balbutiaient les premiers noms qu'ils ont donnés aux choses, bien avant qu'ils se fussent fractionnés pour aller coloniser le monde occidental. Nous allons voir avec Manou qui est, suivant l'expression même des brahmes, la pure essence des Védas, comment sont nés également sur les bords du Gange les premiers mythes les premières croyances et les premières lois de l'humanité.

Manou est le livre par excellence, le résumé de toute la science brahmanique. Etudier sa mythologie, c'est étudier l'origine même des mythes du monde entier, c'est faire sortir les Olympes celtique, germanique, scandinave, slave, latin et grec de l'Olympe brahmanique.

DEUXIÈME PARTIE

LES MYTHES DE LA CRÉATION

DEUXIEME PARTIE

LES MYTHES DE LA CRÉATION

CHAPITRE PREMIER

MANOU

L'Inde ne possède aucun renseignement sur le personnage fabuleux auquel est attribué le *Manava-Dharma-Sastra* ou livre de la loi de Manou.

Manou est nommé sept à huit fois dans cet ouvrage et dans le livre Ier seulement.

« *Manou* se reposait dans le silence et s'absorbait dans la contemplation de la pure essence; les maharchis l'ayant abordé respectueusement lui parlèrent ainsi : .....

« Ainsi interpellé par les sages, *Manou* sortit de sa contemplation, et les ayant salué, il leur dit : — Ecoutez et recueillez ceci :.....

« Ainsi appelé par *Manou* le maharchi Brighou s'approcha avec respect, etc.....

« Des dix pradjapatis, ses ancêtres, est issu Manou, celui qui a recueilli ce code de lois émané de la sagesse éternelle.

Livre Ier. — *Manava-Dharma-Sastra.*

Inutile de continuer ces citations, elles sont toutes dans le même esprit et ne révèlent rien de spécial sur le personnage.

D'après certains commentateurs indous, Manou ne serait autre que Brahma lui-même, révélant sa parole aux premiers hommes après la création, par la bouche d'un célèbre richi nommé Brighou. D'autres, au contraire, pensent que Manou est un ancien législateur qui a extrait du Véda, de la tradition et de la coutume, le code de lois qui porte son nom ; par reconnaissance les Indous l'auraient ensuite divinisé et confondu avec un des saints personnages qui, dans leur croyance, dirigent le monde, et qui portent le nom de Manou.

Le code des lois qui est attribué à ce Manou paraît avoir été abrégé plusieurs fois, et notamment par deux éminents personnages, Narada et Soumati.

Dans sa traduction de Manou, l'illustre William Jones cite le passage suivant emprunté à la préface d'un traité de lois de Narada :

« Manou ayant écrit les lois de Brahma en cent mille slocas ou distiques, arrangé sous vingt-quatre chefs en mille chapitres, donna l'ouvrage à Narada, le sage parmi les dieux, qui l'abrégea pour l'usage du genre humain, en douze mille vers, qu'il donna à un fils de Brighou, nommé Soumati, lequel, pour la plus grande facilité des hommes, le réduisit à quatre mille. Les mortels ne lisent que le second abrégé fait par Soumati, tandis que les dieux du ciel inférieur, et les musiciens célestes étudient le code primitif commençant avec le cinquième vers un peu modifié de l'ouvrage qui existe actuellement sur la terre. »

Il ne reste rien de l'abrégé de Narada qu'un élégant *Epitome* d'un neuvième titre original sur l'administration de la justice.

« Maintenant, ajoute William Jones, puisque les lois de Manou, comme nous les possédons, ne comprennent que deux mille six cent quatre-vingt-cinq slocas, elles ne peuvent pas être l'ouvrage entier attribué à Soumati, qui est probablement celui qu'on désigne sous le nom de *Vriddha Mânava*, ou ancien Manou.

L'époque où cet abrégé a été fait n'est guère plus connue que celle où a été composé le *Vriddha-Manava* et où vivait Manou.

Les Brahmes prétendent donner une antiquité de cinq ou six mille ans avant notre ère au Manou actuel ; William Jones, sans contredire ces assertions, pense que l'on ne peut toutefois lui reconnaître une antiquité moindre de quatorze ou quinze siècles avant notre ère et Loiseleur-Deslongchamps nous fait connaître de la manière suivante les raisons qui militent en faveur de la très haute antiquité du Manou abrégé que nous possédons. « Ces dogmes religieux, dit-il, y présentent toute la simplicité antique : Un Dieu unique, éternel, infini, principe et essence du monde, Brahma, ou Paramatma la grande âme, régit l'univers dont il est tour à tour le créateur, *le transformateur et le destructeur.* »

On ne voit aucune trace, dans le code de Manou, de la trinité (manifestée Brahma-Vichnou-Siva) si fameuse dans les traités mythologiques postérieurs. Vichnou et Siva, que des recueils de légendes appelés *Pouranas* présentent comme deux divinités égales et même parfois supérieures à Brahma, ne sont nommés qu'une seule fois en passant et ne jouent aucun rôle, même secondaire, dans le système de création et de destruction du monde exposé par Manou.

Les neuf incarnations de Vichnou n'y sont pas mentionnées, et tous les dieux nommés par les lois de Manou ne sont que des personnifications du ciel, des astres, des éléments et d'autres objets pris dans la nature. Ce système mythologique paraît avoir les plus grands rapports avec celui des Védas, dont *la haute antiquité est incontestable.* C'est d'ailleurs un ouvrage éminemment orthodoxe : l'autorité des Védas y est sans cesse invoquée, et le législateur Vrihaspati a dit :

« Manou tient le premier rang parmi les législateurs parce qu'il a exprimé dans son code le sens entier du Véda ; aucun code n'est approuvé quand il contredit le sens d'une loi promulguée par Manou. »

Cette simplicité des dogmes religieux se confondant dans le dogme védique, est une preuve des plus convaincantes à alléguer de l'antiquité de Manou ; ajoutons que parmi les personnages historiques que l'on y trouve cités, aucun ne paraît appartenir à une époque postérieure au XIIe siècle avant notre ère, et que le célèbre réformateur de la religion brahmanique, Bouddha, qui, suivant l'opinion générale, vivait quatorze ou quinze siècles avant notre ère, n'est pas mentionné une seule fois, ce dont on doit conclure que cette réforme n'avait pas encore eu lieu.

Je crois donc que la plupart des indianistes modernes, en assignant timidement une antiquité seulement de quatorze à quinze siècles à la rédaction du Manou moderne telle que nous la possédons, ne risquent pas de voir leur opinion contredite comme exagérée.

Ces savants, pour la plupart, n'ont étudié le passé de l'Inde qu'avec la sainte terreur de trouver aux productions religieuses de ce pays une antiquité supérieure à celle de la révélation mosaïque, et ils ont fixé un peu au hasard des dates qui puissent gêner le moins possible les monuments de la tradition chrétienne. Certes ils ne pouvaient, sans faillir à la science et à la vérité, abaisser l'antiquité de Manou au delà des bornes qu'ils lui ont assignées ; la linguistique, l'histoire eussent été là pour donner le plus complet démenti à leur tentative, mais nous devons dire que c'est sans motifs appréciables, sans raisons plausibles qu'il eussent fixé l'âge du *Manava-Dharma Sastra* ; ils se sont arrêtés à la date indiquée plus haut, uniquement pour qu'on puisse continuer à regarder la révélation hébraïque comme au moins contemporaine de celle du *Manava*.

Pour nous qui n'avons pas ces soucis et qui ne comprenons guère ces respects, nous dirons avec les brahmes, qui doivent être crus avant tout savant d'Europe sur les antiquités de leur pays, que Manou se perd comme les Védas dans la nuit des temps, et que l'antiquité de cinq à six mille ans que lui attribue la chonologie brahmanique, n'a rien d'exagéré.

L'Orient tout entier a vécu de la vie civilisée des milliers d'années avant nous ; il faudra nous résoudre à admettre cette vérité. Les découvertes géologiques de la science ont déjà porté les premiers coups aux rêves bibliques et à nos chronologies occidentales basées sur la création : les patriarches qui vivaient huit à neuf siècles et l'apocryphe Jésus, l'étude approfondie des civilisations asiatiques achèvera d'enterrer les légendes judaïco-chrétiennes.

CHAPITRE II

LES MAHARCHIS.

Les maharchis ou pradjapatis (seigneurs des créatures) sont dix personnages éminents, chefs de dynasties, qui ont régné dans les temps héroïques, et que les Indous ont fini par élever au rang des dieux.

Il est à remarquer que la Chaldéo-Babylonie et la Judée relèvent également dans leur histoire dix dynasties fabuleuses en tête desquelles ces deux contrées placent également des personnages mythologiques. Il n'est pas sans intérêt de les rapprocher dans un tableau.

Inde,	*Chaldeo-Babylonie*.	*Judée*.
Maritchi.	Alar.	Adam.
Atri.	Alaspar.	Seh.
Angiras.	Amelon.	Enos.

Poulastya.	Amenou.	Kaïnan
Poulaha.	Metalar.	Mahlaléel.
Cratou.	Daôn.	Jared.
Pratchétas.	Everadach.	Enoc.
Vasichta.	Amphis.	Mathusala.
Narada.	Otiartes.	Lamech.
Brighou.	Xisouthrous.	Noé.

D'après Manou et tous les commentateurs indous, les dix maharchis et leurs dynasties auraient régné 4,320,000 années humaines avant le dernier pralaya, ou 12,000 années divines, chiffre qui représente la vie sur la terre entre chaque période de création et de dissolution.

Les Indous, dont nous expliquerons plus longuement le système à son heure, admettent que l'univers est soumis à des alternatives de dissolution et de vie. D'après la théologie des brahmes, l'une et l'autre ont lieu pendant *le jour* et *la nuit* de Brahma. Quand le maître suprême dort, tout se dissout ; quand il se réveille, tout revient à la vie.

Il est clair que la tradition des dix dynasties en Chaldée et en Judée n'est qu'une copie de la tradition indoue. En conservant cette légende des ancêtres, les Chaldéens prirent soin de lui signer un certificat d'origine.

En donnant à leur nouvelle patrie dix rois et dix dynasties, ils conservèrent en diminuant son importance, le nombre d'années que l'Inde avait assigné au règne de ses dynasties.

Les Indous les font régner 4,320,000 années.

Les Chaldéens ne donnèrent aux leurs qu'une existence de 432,000 années.

Ce chiffre n'est, comme on peut le voir, que le chiffre indou divisé par 10.

Il suffit en effet de supprimer un zéro au chiffre indou, pour avoir le chiffre chaldéen.

Chiffre indou 4,320,000
Chiffre chaldéen 432,000.

Il serait difficile, croyons-nous, de rencontrer une preuve plus étonnante en faveur de la *filiation indoue* de la tradition chaldéenne, surtout si l'on considère que le Syncelle et Alexandre Polyhistor qui nous ont conservé, d'après le Chaldéen Bérose, ce chiffre de 432.000 ans, ne connaissaient pas plus que Bérose la mythologie brahmanique.

Il est à remarquer en outre que le déluge dans l'épopée chaldéenne d'Isdoubar, est placé sous le règne de Xisouthrous, et que le saint personnage fut sauvé des flots par le dieu Nouah.

En copiant cette tradition indo-chaldéenne, la Bible a confondu l'homme et le dieu, et c'est Nouah vulgairement appelé Noh ou Noé, qui repeuple la terre. Les écrivains hébraïques ont fondu les deux traditions.

L'histoire des dix maharchis de l'Inde est beaucoup moins fabuleuse que celle des dix personnages chaldéens et juifs, et de nombreux poèmes épiques chantant leurs hauts faits ont gardé, depuis des centaine de siècles, leur souvenir dans la mémoire des peuples de l'Inde.

C'est pour augmenter le respect dû au divin législateur, que les premiers slocas de l'ouvrage indiquent que c'est à la demande de ces rois vertueux, que le *Manava-Dharma-Sastra* a été révélé aux hommes.

On donne aussi le nom de maharchis aux sept richis ou sept sages dont il va être parlé ci-après.

CHAPITRE III

LES SEPT RICHIS ET LE NOMBRE SEPT

Les sept richis sont sept princes des dix dynasties héroïques dont nous venons de parler, qui ont principalement mérité le nom de *sages*.

Leur vie, pleine d'austérité et de bonnes œuvres, les avait mis en communication directe avec la divinité ; ce sont eux qui instituèrent les sacrifices et donnèrent aux hommes les premiers conseils de morale sous formes d'aphorismes. Voici leurs noms avec la maxime familière dont la plupart des scoliastes indous les font suivre.

ATRI

La première de toutes les sciences est celle de l'âme.

ANGIRAS

En toutes choses, considère la fin, car les actions ne valent que par le bien qui en résulte.

CRATOU

Quand vous rencontrez un homme orgueilleux de sa force et de son intelligence, dites-lui : Qui es-tu ? d'où viens-tu ? où vas-tu ?

POULASTYA

Fais à ton frère ce que tu voudrais qu'il te fût fait à toi-même.

PULAHA

L'homme vertueux ne craint ni les coups du sort, ni la malice des voleurs, car il porte toutes ses richesses avec lui.

MARICHI

Faire du bien aux méchants, c'est écrire sur le sable.

VASICHTA

La plus méritoire de toutes les vertus est la tempérance, car c'est elle qui nous enseigne à user modérément des dons de Brahma.

Le nombre sept fut dans l'Inde un nombre fatidique et ceci en l'honneur *des sept personnes divines*, ancêtres des sept sages. Nous parlerons bientôt de ce mythe.

Une foule de lieux et de noms ne sont que par sept dans la mythologie indoue.

Ainsi, pour citer les plus renommés :

Les sept cités saintes — *sapta poura.*

Les sept îles saintes — *sapta danipa.*

Les sept mers — *sapta samoudra.*

Les sept fleuves sacrés — *sapta nady.*

Les sept montagnes saintes — *sapta parvatta.*

Les sept déserts sacrés — *sapta arania.*

Les sept arbres sacrés — *sapta vrukcha.*

Les sept castes — *sapta caula.*

Les sept mondes — *sapta loca.*

Les vanaprasthas ou anachorètes portaient le bâton à sept nœuds.

Ce bâton à sept nœuds a fait son chemin, de l'Inde, où il était l'emblème des saints et des prophètes, il passa en Égypte, où on le retrouve entre les mains des magiciens de Pharaon, de Moïse, d'Aaron, d'Élisée; toutes les enchanteresses de l'antiquité, Médée, Circé, etc., l'ont porté ; il fut dans la Rome ancienne le bâton augural des prêtres, il est dans la Rome moderne le bâton pastoral des évêques.

On sait que le nombre sept est également fatidique dans les religions juive et catholique.

Dieu s'est reposé le septième jour de la création.

Les terres doivent se reposer tons les sept ans.

Les murailles de Jéricho s'écroulent au bruit de sept trompettes, sonnées par sept prêtres, pendant sept jours.

Les Israélites entrent dans cette ville après en avoir fait sept fois le tour.

Le grand chandelier d'or a sept branches, dont sept lumières représentent les sept planètes.

Jean dans l'Apocalypse, ramène tout également au nombre sept. Il parle de sept églises, sept chandeliers, sept étoiles, sept lampes, sept sceaux, sept anges, sept fioles, sept plaies, etc.

Il a même eu la prétention d'avoir été ravi jusqu'au *septième* ciel.

La Grèce, colonie de l'Inde, comme la mère-patrie eut ses sept sages : Thalès, Solon, Bias, Chilon, Cléobule, Pittacus et Périandre. Et elle poussa l'esprit d'imitation jusqu'à leur attribuer à chacun des maximes identiques à celles que nous avons données plus haut.

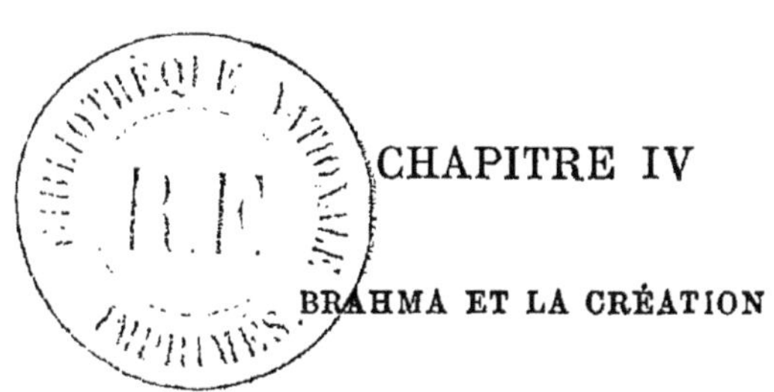

CHAPITRE IV

BRAHMA ET LA CRÉATION

Au-dessus de tous les dieux se trouve le dieu type qui reçoit le nom de Swayambouvha, c'est-à-dire : *celui qui existe par lui-même*.

Voici dans quel magnifique langage pour ces époques reculées, Manou rend compte du réveil de Dieu, et de la création.

L'univers est soumis à des alternatives de dissolution et de vie. D'après la théologie brahmanique, Swàyambouvha a, comme les hommes, ses jours et ses nuits. Quand le maître suprême dort tout se dissout, quand il se réveille tout renaît à la vie.

« Ce monde était dissous dans le non-être imperceptible, sans propriété distincte, ne pouvant tomber sous les sens, ni être imaginé par la pensée ; c'était le sommeil de la nature.

*
* *

« Quand vint l'heure du réveil : celui qui existe par lui-même, qui n'est pas à la portée des sens extérieurs, développant la nature avec les cinq éléments et les principes subtils, parut brillant de lumière et sa présence chassa la nuit.

*
* *

« Celui que l'intelligence seule conçoit, qui échappe aux sens, qui est sans partie visible, éternel, âme universelle, que nul ne peut définir ni comprendre, développa sa puissance.

*
* *

« Il résolut dans sa pensée de tirer de sa propre substance tous les êtres, et il déposa dans les eaux qu'il créa premièrement, le germe de la vie universelle.

*
* *

« Ce germe était contenu dans un œuf d'or, aussi brillant que l'astre éclatant du jour, et dans lequel

Brahma le seigneur de tous les astres, déposa une parcelle de sa pensée immortelle, fécondée par sa volonté.

*
* *

« Les eaux ont reçu le nom de *naras*, parce qu'elles étaient une émanation de l'Esprit divin, Nara, et les eaux ayant été le premier lieu de mouvement — *ayana* — de Nara. De là l'Esprit divin, créateur a été appelé Narayana ou *celui qui se meut sur les eaux*.

*
* *

« De celui qui est, de cette cause immortelle qui existe pour la raison et n'existe pas pour les sens, est né Pouroucha (le maître céleste), divin fils de Brahma.

*
* *

« Il resta dans l'œuf d'or l'espace d'une année divine et par le seul effort de sa pensée, le partagea en deux.

*
* *

« Et ces deux parties formèrent le ciel et la terre, et le milieu fut l'atmosphère, le réservoir permanent des eaux; là aussi furent les quatre points principaux et les quatre points intermédiaires.

*
* *

« Il tira de sa propre essence ce souffle immortel qui ne périt pas dans l'*Etre* et à cette âme de l'*Etre*, il donna l'*ahancara*, directeur souverain.

*
* *

« Puis il donna à cette âme de l'Etre l'intellect aux trois qualités et les cinq organes de perception intérieure.

*
* *

« Et ayant uni l'ahancara aux cinq organes subtils capables de toutes les modifications les plus diverses, il forma les principes matériels de la vie organisée, et alors créa tous les êtres.

*
* *

« De ce moi, uni aux six principes imperceptibles dont le Grand Etre forma son existence manifestée de laquelle il allait tirer l'univers, est venu le nom de *Sarira* — composé de six molécules — dont les sages désignent la forme visible du générateur céleste.

*
* *

« C'est dans cette source immense que se transforment les principes matériels de la vie et le souffle immortel qui ne périt pas dans l'être, et où tout ce qui est animé reçoit ses facultés et ses attributs.

*
* *

« Par ces particules subtiles douées de forces d'agrégation et de transformation, unies au principe de volonté, ont été formés tous les êtres de ce monde périssable, émané de l'impérissable.

*
* *

« Chacun des êtres acquiert la qualité de celui qui le précède, de sorte que plus un être est éloigné dans la série, plus il a de qualités.

*
* *

« Le souverain maître, dès le début, assigne à tous les êtres vivants une existence particulière, des fonctions spéciales et un nom, ainsi qu'il est établi par le Vada.

*
* *

« Il produisit d'abord la troupe des Dévas, mandataires sans cesse agissants de sa pensée, puis la foule des esprits invisibles, et enfin la prière et le sacrifice, souvenir du commencement des choses.

*
* *

« Du feu, du soleil et de l'air il tira, comme règle suprême du sacrifice, les trois livres immortels du Véda : *le Rig*, *l'Iadjous*, *le Sama*, innovation de la pensée révélée.

*
* *

« Et il créa le temps et ses divisions, les constellations, les planètes, les mers, les fleuves et les terrains accidentés par les montagnes et les plaines.

*
* *

« Il créa aussi, car tout devait émaner de lui, la parole, la dévotion austère, les vertus et les vices et il créa la volonté.

*
* *

« Par la volonté, il permit à l'âme humaine de distinguer, parmi les actions, de distinguer le juste de l'injuste, et toute créature fut soumise à la souffrance et à la joie, qui sont les deux choses opposées.

*
* *

« C'est avec les particules périssables émanées des cinq éléments qui composent la forme manifestée du grand Tout, que tout a été formé.

*
* *

« Tout être qui a reçu dès la création une fonction du maître souverain, l'accomplit fatalement à chaque renaissance successive.

*
* *

« Les qualités qui lui ont été spécialement départies : la bonté ou la cruauté, la douceur ou la barbarie, le culte de la vérité ou l'hypocrisie, vertus ou vices, d'elles-mêmes s'emparent de lui chaque fois.

*
* *

« Ainsi les saisons reviennent périodiquement prendre leur cours, de même les êtres animés exercent toujours les fonctions qui sont de leur nature.

*
* *

« La suprême essence manifestée pour perpétuer l'espèce humaine tire de sa bouche le brahme, de son bras le xchatria, de sa cuisse le vaysia et de son pied le soudra.

*
* *

« Or ayant divisé son corps en deux parties, Nara, l'esprit divin, devint moitié mâle et moitié femelle, et en s'unissant à cette partie femelle — l'immortelle déesse Nari — il engendra Viradj. »

*
* *

Viradj, voilà le dieu manifesté, le dieu créateur, c'est de lui qu'émanent toutes les choses, tous les types qui ont existé de toute éternité dans le cerveau de l'Etre qui existe par lui-même, du germe universel. Après avoir énuméré tous les êtres animés et inanimés de la création, énumération qu'il serait trop long donner ici, Manou établit ainsi qu'il suit la métempsychose :

« Placés aux échelons inférieurs de la vie par leur conduite dans des existences antérieures, tous ces êtres pourvus de formes variées, possèdent une conscience rudimentaire et ressentent la sensation du plaisir et des peines.

*
* *

« C'est ainsi que Brahma a établi du végétal à l'homme, et de l'homme à l'essence primordiale, la série des transmigrations. Ce monde périssable se renouvelle et se transforme sans cesse pour la destruction.

*
* *

« Après avoir créé l'homme et donné ce code de lois pour la direction des êtres animés, le maître souverain, qui s'est manifesté dans l'Œuf d'or, retourne s'absorber dans l'âme universelle, lorsque la fin des transformations créatrices est arrivée.

*
* *

« Dès que le créateur sort de son repos, l'univers recommence son évolution ; dès qu'il se rendort l'univers tombe dans la dissolution.

*
* *

« Tant que dure ce sommeil du germe des germes, qui s'absorbe dans l'âme suprême, les principes de sensation et d'intelligence, les particules matérielles et celles qui composent l'immatériel se dégagent et se dissolvent dans l'essence universelle.

*
* *

« Tous les êtres perdent leurs forces d'attraction, leurs formes, leurs fonctions, et les organes des sens sont comme s'ils n'existaient pas.

*
* *

« Lorsque le créateur souverain de nouveau se manifeste, tous les types, toutes les formes qui existent de toute éternité en lui reprennent la forme visible, et la semence universelle de nouveau répand partout la vie universelle.

*
* *

« Ainsi en s'absorbant dans sa pure essence, et en se manifestant alternativement, le souverain maître révèle à la vie ou rejette dans le repos de la dissolution tous les êtres animés et inanimés de cet univers.

*
* *

« C'est lui qui, dès le commencement des choses, a exprimé de sa sagesse ce code immortel de lois, et il me l'enseigna pour que j'instruisisse les riches et les saints personnages. »

*
* *

Dans cette revue de la mythologie du *Manava*, je ne puis faire suivre de trop longs commentaires, les sujets qui portent en eux-mêmes leur explication simple et accessible même aux personnes à qui les choses de l'indianisme ne sont pas familières. On écrirait un volume sur chacun d'eux, je me bornerai donc à faire remarquer que pas une religion et pas un système philosophique ancien n'ont donné une pareille définition de la divinité. Il suffit, pour s'en convaincre, de lire attentivement toute la suite de versets qui commence par ces paroles :

« Le monde était dissous dans le non être imperceptible sans propriété distincte..... »

Quant à la philosophie spiritualiste, tous les systèmes du passé, toutes les rêveries du présent pourraient recevoir le sloca suivant comme épigraphe :

« Il tira de sa propre essence ce souffle immortel qui ne périt pas dans l'*Etre* et à cette âme de l'*Etre* il donna l'Ahancara, directeur souverain. »

Lucrèce et Darwin n'échappent pas non plus à l'influence directe des doctrines de l'Inde, dans le sloca suivant :

***

« Chacun des êtres acquiert la qualité de celui qui le précède, de sorte que plus un être est éloigné dans la série, et plus il a de qualités. »

CHAPITRE V

L'ŒUF D'OR

« Il déposa dans un œuf d'or aussi brillant que l'astre éclatant du jour le germe de la vie universelle. »

MANOU.

D'après la mythologique brahmanique, cet œuf, partagé en deux parties par Brahma, forma le ciel et la terre et dans le milieu se trouva réuni le réservoir permanent des eaux.

Cette tradition se retrouve dans la cosmogonie de tous les peuples.

En Grèce, Aphrodite-Anadyomène sort de l'œuf d'or ou sein des eaux.

Les Syriens et les Parses croient qu'une colombe

couva un œuf dans les eaux de l'Euphrate, d'où est sortie Astartée, la mère universelle.

Dans la Genèse du *Kalévala*, poème cosmique des Finlandais, Ukko, le dieu suprême, le dieu germe, sous la forme d'un aigle, dépose dans le sein de la vierge Luonotar, qui naquit sur les eaux, les œufs d'où doit sortir l'univers.

Chez les Océaniens, c'est l'œuf Rumia qui en se partageant en deux, donna naissance au ciel et à la terre et à tout ce qui existe.

On comprend l'idée première qui a donné naissance à cette conception des Indous; rencontrant l'œuf au seuil de toutes les transformations vitales, ils ont fait naître l'Univers d'un œuf.

CHAPITRE VI

NARA

L'Esprit divin. — Celui qui se meut sur les eaux.

Nara, dans la mythologie brahmanique, représente l'Esprit, représente le souffle divin de Swayambouvha, le dieu Germe, la pure essense sans partie visible, et qui n'est pas à la portée de nos sens externes, selon l'expression même des livres saints.

Lorsque Swayambouvha veut créer, il ne le fait qu'en donnant un corps à sa faculté créatrice, et il se manifeste dans Nara, qui est appelé l'Esprit divin, et aussi Narayana, celui qui se meut sur les eaux.

Nara reçoit encore les noms de Pouroucha, ou mâle céleste, ou de Brahma, le père créateur. *Diaus pitar*. Pour créer il divise son corps en deux parties, l'une mâle, l'autre femelle, et c'est en s'unissant à cette partie femelle qu'il produit le premier être animé, Viradj le fils.

La partie femelle reçoit le nom de la déesse Nari, la mère immortelle.

Et c'est ainsi que se forme, pour la création, la première triade manifestée.

Nara, le père,
Nari, la mère,
Viradj, le fils.

C'est le même symbole qui se continue : de même que tout germe se transforme dans l'œuf, tout se féconde, tout se perpétue par le père et la mère, et la première triade manifestée dans l'Olympe n'est pour ainsi dire que le reflet de la triade que l'homme pouvait observer sur la terre :

Le père,
La mère,
L'enfant.

Ce Nara ou Esprit, ou Souffle divin, a d'abord flotté sur les eaux : de là son nom de Narayana, *celui qui se meut sur les eaux.*

Primitivement il n'y avait rien dans le vide, et le verbe était porté sur un principe humide, dit la tradition égyptienne.

(*Hermes Trismégiste.*)

« *Et spiritus dei ferebatur super aquas*, » dit à son tour le copiste des vieilles traditions antiques, qui a écrit la genèse de la Bible.

CHAPITRE VII

BRAHMA HIRANYAGHARBA

Brahma-Hiranyagharba, c'est-à-dire celui qui est sorti de la matrice d'or.

Dans le dernier état de la mythologie brahmanique, ce dieu réunit en lui les trois facultés créatrice, conservatrice et transformatrice, et sous cette forme il reçoit le nom de Tridandi, ou dieu aux trois pouvoirs. De là le culte vulgaire. Celui réservé aux vaysias et aux soudras forme à son tour une trinité manifestée plus grossière que celle des Védas et de Manou, et dont on ne trouve aucune trace dans ces antiques ouvrages. Le principe mère est oublié, Viradj le fils n'existe plus et on se trouve en face d'une trinité mystique d'attributs.

Brahma est le premier dieu qui s'incarne et il produit le monde : voilà la faculté créatrice.

Puis la faculté conservatrice naît de l'obligation de maintenir cet univers: elle prend une forme et devient le dieu Vischnou, conservateur de tous les êtres.

Enfin, comme la vie ne peut exister sans le mouvement et la transformation, la faculté transformatrice est élevée à la dignité de dieu, et devient Siva le transformateur.

C'est par cette trinité visible, agissante, s'incarnant sans cesse par un de ses membres, Vischnou, pour se mettre en communication directe avec les mortels, que l'Etre suprême fait connaître sa puissance et exécuter ses desseins.

Comme on le voit, cette trinité ne ressemble en rien à cette belle trinité védique composée de Nara le père, Nari la mère et Viradj le fils.

Une fois la création accomplie, Brahma retourne s'absorber dans la grande âme, et tant que dure l'Univers émané de sa puissance, il ne paraît que très rarement sur la terre, et d'une manière fugitive, cédant aux prières des saints anachorètes. Vischnou et Siva, au contraire, sont constamment à transmigrer d'un corps dans un autre, à s'incarner pour accomplir leur mission, qui est de conduire cet univers, par des transformations successives, jusqu'à un nouveau pralaya, jusqu'à une nouvelle dissolution.

La dissolution est à son tour remplacée par une création nouvelle, et c'est ainsi que l'univers meurt et renaît alternativement.

Toute la théogonie de l'Inde peut se diviser en deux grandes périodes.

Le védisme ou période de *Révélation*. L'Être suprême lui-même ne parle qu'aux hommes, par les Védas et Manou.

Et la période du brahmanisme, ou période des incarnations, pendant laquelle Vischnou vient sous diverses formes, et en dernier lieu dans le sein d'une femme sous le nom de Christna rappeler l'humanité à la foi des ancêtres.

C'est surtout cette dernière forme du culte indou, contemporaine des grandes émigrations, qui a inspiré les mystères de Thèbes, de Memphis, de Ninive, de la Grèce, et, par la tradition qui se continue dans la science des religions, comme dans toutes les autres, se retrouve dans tous les mystères, croyances et actes religieux de la Rome chrétienne.

CHAPITRE VIII

BRAHMA ET LA TRIMOURTY

Dans le culte vulgaire des soudras et des esclaves.

Pour l'esclave et le paria, ainsi que pour le pauvre soudra qui n'avait reçu dans l'organisation brahmanique que la mission de servir les autres castes, les croyances religieuses descendent à un niveau d'absurdités, de licence et d'inventions monstrueuses que les Grecs ont à peine dépassé.

Dans l'esprit de ces pauvres gens, Brahma et la Trimourty c'était tout un, et les grossiers desservants de leurs misérables pagodes leur persuadent qu'il y a dans ce dieu trois personnes différentes d'attributs et de corps, et ne faisait, malgré cela, qu'un seul et même Dieu.

Les aventures ridicules et grivoises que les parias prêtent aux trois dieux n'ont rien à envier aux histoires de Vénus, de Mars et compagnie, et le conte d'Hercule fécondant en une seule nuit les cinquante filles du roi Danaüs appartient bien à cette classe grossière des mythes asiatiques abandonnés à la plèbe et à l'esclavage.

Voici une de ces aventures dont on chercherait vainement l'équivalent dans les Védas et dans Manou et qui, par cela même, en raison de sa ressemblance avec les fables grecques, démontre que l'émigration asiatique qui est allée peupler l'Hellade appartient à l'époque de la décadence brahmanique.

« Anoussoyai était une vierge aussi célèbre par sa chasteté incorruptible que par sa piété envers les dieux et sa tendre compassion envers les malheureux. Les trois dieux de la Trimourty ayant entendu parler d'elle, en devinrent amoureux et résolurent de lui faire perdre le trésor de virginité qu'elle avait jusqu'alors conservé avec un soin extrême. Pour parvenir à leur but, les trois séducteurs se déguisèrent en religieux mendiants, et, sous cet extérieur, allèrent lui demander l'aumône.

« La vierge vint à eux et leur fit éprouver avec sa bienveillance ordinaire, les effets de sa générosité. Les prétendus mendiants, comblés de ses largesses, lui déclarèrent qu'ils attendaient d'elle une autre faveur, qui était de se montrer toute nue à leurs regards et de condescendre à leurs désirs. La vierge, interdite et effrayée de cette proposition, prononça contre eux certains mentrams ou conjurations magiques, qui, jointes à une aspersion d'eau lustrale, eurent la propriété de changer la Trimourty et les trois dieux en veau — l'histoire ne dit pas si, de même qu'il y avait trois dieux en un seul, le susdit veau était triple. — Après qu'ils eurent été ainsi métamorphosés, Anoussoyai prit soin elle-même de nourrir ce jeune veau de son propre lait — le cas ne manque pas de piquant pour une vierge ; — mais il est juste de dire qu'Anoussoyai avait déjà un certain nombre d'enfants qu'elle avait conçus et mis au monde sans cesser d'être vierge.

« La Trimourty resta abaissée dans cette misérable condition jusqu'à ce que toutes les déesses de la cour d'Indra s'étant réunies, craignant qu'il ne survînt de grands malheurs en l'absence des trois principaux dieux, allèrent ensemble trouver Anoussoyai, et la supplièrent très humblement de restituer à Trimourty sa première forme et de la leur rendre.

« Anoussoyai n'acquiesça à leur requête qu'après beaucoup de difficultés, et encore y mit-elle pour clause que préalablement elles se laisseraient toutes déflorer. Les déesses, convaincues qu'elles n'obtiendraient pas autrement la liberté de la Trimourty, consentirent à en passer par ce qu'on exigeait d'elles, aimant mieux se soumettre à ce traitement, qui ne devait pas du reste beaucoup les effrayer, que de perdre leurs dieux.

« Les conditions remplies, Anoussoyai prononça les mentrams nécessaires, et le veau reprit sa triple forme première. »

Chaque fois que l'occasion se présentera, je citerai quelques-unes de ces dégénérescences des mythes puissants des Védas et de Manou, et nous remarquerons que plus nous nous éloignerons des belles conceptions de l'Inde ancienne, pour descendre dans les figures licencieuses et obscènes de la décadence, plus nous nous rapprocherons, au contraire, des idées grecques.

CHAPITRE IX

LE PRALAYA

Le Pralaya, c'est le chaos, c'est-à-dire la dissolution de tout ce qui existe.

Swayambouvha, l'Être existant par lui-même, nous l'avons vu, a ses jours et ses nuits; pendant le jour, il se manifeste, il crée; l'univers sort du non-être; pendant ses nuits, tout se dissout et s'absorbe dans son sein.

Ce système n'est qu'un immense panthéisme, qui ramène tout à un seul être, qui est en même temps la loi, le but et la matière de tout.

C'est ce qu'exprime la vieille formule :

Tout est en Dieu, Dieu est dans tout, et rien n'est en dehors de lui.

CHAPITRE X

PRACRITI

« Quand la durée de la dissolution, dit Manou, fut à son terme, alors le Seigneur existant par lui-même, qui n'est pas à la portée des sens externes, rendant perceptibles ce monde avec les cinq éléments, et les autres principes resplendissant de l'éclat le plus pur, parut et développa la nature. »

La nature, c'est Pracriti.

Pour les philosophes, commentateurs élevés des fictions védiques, Pracriti n'est que la réunion de toutes les formes, de tous les types qui, de tout temps, ont existé dans l'intelligence de l'Être suprême, et qui revêtent une forme manifestée matériellement lors de la création, par la seule force de la volonté divine.

La création est le produit de l'effort constant de la

volonté de l'Être suprême; Pracriti, c'est l'abstraction qui prend un corps par l'effet de cette volonté.

Sur ce terrain et sur celui des réaux et des nominaux, les commentateurs indous rendraient des points à la scolastique, et les disputes d'Abeilard et de Guillaume de Champeaux ne sont rien en présence des interminables discussions qui s'élèvent dans les écoles indoues sur le véritable sens de ce mot *Pracriti.*

Les uns affirment que Dieu créa la matière de sa propre essence et la résoudra en lui à la consommation des choses ; ils disent que, la matière ainsi produite, il forma le monde et lui laissa le soin d'agir lui-même d'après les lois qu'il lui a imposées.

D'autres prétendent que Dieu n'a pas créé la matière, et même que la matière n'existe pas, mais que par sa puissance, il produisit et continue à produire sans cesse et directement sur l'âme et les sens humains les impressions que les premiers attribuent au monde matériel.

Ceux-ci soutiennent que tout ce qui existe vient de Dieu ; ceux-là que rien n'existe que par Dieu, c'est-à-dire que tout ce qui existe n'est qu'un mirage constant de la volonté divine ; c'est ce que l'école allemande moderne, en se gardant bien de signaler les sources, a défini ainsi :

L'existence de l'Univers n'est que l'illusion constante de la volonté divine.

Il faut être triple Germain pour être encore séduit par l'apparente profondeur de telles divagations :

Le monde extérieur n'existant qu'à titre d'illusion,

la vie et l'intellect humain se mouvant dans le rayon d'un mirage divin...

On rit de cela à se tenir les côtes sur les bords de la Seine, mais cela passe pour de hautes conceptions sur les bords de la Sprée.

Dans la croyance populaire des plaines du Gange, ce mythe n'a pas tardé à dégénérer, et Pracriti est devenue une belle déesse, dont l'idée représente à l'esprit du fervent Brahma quelque chose comme notre mère Nature matérialisée.

CHAPITRE XI

POUROUCHA

Le maître céleste. — Le linguam.

Pouroucha, le maître céleste, tel est le nom de Brahma, spécialement manifesté par la création, alors qu'il divise son corps en deux parties :

> ***Nara***, l'esprit, principe actif, père.
> ***Nari***, principe passif, mère.

Viradj, qui est le produit de l'union de ces deux principes, n'est autre encore que Brahma-Pouroucha, qui s'incarne lui-même sous une forme nouvelle.

Suivant les commentateurs, nous nous trouvons encore en présence d'un symbolisme élevé, destiné à montrer que l'Être suprême se multiplie, se transforme, se manifeste par ses seules forces.

Le Dieu *un* devient à sa volonté le Dieu à la double nature, sans cesser d'être *un*.

Puis, ce Dieu s'étant uni à lui-même, devient trois par la procréation d'un fils, sans cesser de rester *un*.

Se douterait-on que toutes ces triades et trinités, qui partent de un pour devenir trois sans rompre l'unité, ont traîné des milliers d'années dans les temples de l'Inde, de la Chaldée et de l'Égypte, avant qu'on vienne les offrir à la raison moderne comme le dernier mot de la science et de la sagesse?

Toutes les religions de l'antique Asie, sur le modèle de celle de l'Indoustan, sont en même temps :

Unitaires,
Dualistes,
Trinitaires.

Unitaires par le Dieu irrévélé à la pure essence : Brahma Swayambouvha.

Dualistes par la manifestation des deux principes mâle et femelle de la divinité : Nara et Nari, et enfin trinitaires, par le produit qui naît de l'union du mâle céleste avec sa partie femelle, et qui est Viradj.

Aucune spéculation religieuse ne s'est arrêtée à une seule de ces fictions.

La Bible elle-même constate un Dieu à la double nature (*Elohim*, les Dieux *bara* créa), lorsque les dieux, selon son expression, *créa* Adima, mâle et femelle, à son image et à sa ressemblance, quatre jours avant que la femme fût séparée du principe mâle, c'est-à-dire avant qu'Ève fût formée d'une côte du premier être créé.

Plus tard encore, le culte vulgaire a perdu la notion du Dieu à la double nature, unissant simplement deux volontés, deux facultés, pour en faire naître une troisième, et Nara et Nari, *deux dans un*, ont été représentés sous les traits d'un adolescent, pourvu des deux attributs mâle et femelle; c'est ce symbole que les Grecs, n'ayant comme toujours hérité que de la décadence, ont représenté sous les traits de leur *hermaphrodite.*

Puis la figure qui unissait les deux appareils de la génération ayant été supprimée, les Indous du culte vulgaire n'adorèrent plus que le principe mâle, sous le nom de linguam. Il fut représenté avec les attributs ordinaires de la virilité, et ce culte du linguam devint, en passant en Égypte et en Grèce, le culte du phallus et de Priape, dont on retrouve les symboles sculptés jusque sur nos cathédrales du moyen âge, œuvres inconscientes qui continuaient la représentation des traditions brahmaniques, des siècles après que le sens symbolique en était perdu.

Chaque temple de Siva possède à l'entrée, à quelques pas du portique, un énorme linguam de marbre ou de granit blanc, que le prêtre frotte d'huile parfumée tous les matins, et auquel il fait l'oblation de miel et de lait *sicut seminis imago.*

Toute personne, en entrant, avant de pénétrer dans le sanctuaire, doit lui offrir une offrande de feuilles, de fleurs et de fruits du mangousier, arbre spécialement dédié à Siva; aussi le linguam est-il constamment entouré d'une litière de fleurs et de fruits.

Les femmes stériles l'honorent d'une dévotion particulière, et, dans le but d'obtenir une heureuse fécondité, font à la pagode et aux brahmes d'abondantes et riches offrandes.

Il est incontestable que le culte du phallus, dans le monde ancien, ne peut s'expliquer que par la tradition indoue, et toutes les sculptures itiphalliques du moyen âge ont la même origine.

Ceux qui connaissent les pays d'Orient savent avec quelle persistance l'art se borne à reproduire presque mécaniquement les dessins, les formes de l'architecture et de la sculpture de types et de modèles anciens, qui n'ont plus de raison d'être aujourd'hui et dont le sens mystique n'est plus compris.

Il n'est pas jusqu'aux nuances de leurs monuments polychromes qui ne soient copiées avec une servilité absolue sur celles des édifices anciens.

Cette servilité dans l'imitation, qui existe toujours en Orient, a duré chez nous jusqu'à l'invention de l'imprimerie et de la gravure : avant ces deux arts admirables, les faibles moyens qui étaient à la disposition des hommes pour conserver leurs découvertes, les limitaient forcément. Dans l'impossibilité où l'on se trouvait de donner aux sculpteurs sur pierre ou sur bois de nombreux cartons, à l'aide desquels ils pussent varier leurs conceptions, on se bornait à fixer dans la mémoire et dans la main de chacun, un certain nombre de sujets, qu'ils étaient destinés à reproduire toute leur vie.

C'est ainsi : la mémoire et la main étant employées à conserver les traditions du passé, de façon à pouvoir remplacer les sculptures et les manuscrits au fur et à mesure que le temps les faisait disparaître... c'est ainsi que les sculptures de Pouroucha, le mâle céleste, représenté par le linguam, c'est-à-dire par les organes de la génération, se sont transmises, comme les représentations du culte symbolique des pagodes de l'Inde, aux temples de Thèbes, de Memphis, d'Éphèse et d'Éleusis, et qu'on les retrouve, souvenir affaibli de la croyance antique, sur les colonnes de nos cathédrales gothiques.

Les hellénistes auront beau faire : ils ne se débarrasseront pas de l'influence que l'Inde a exercée sur le monde ; c'est la tunique de Nessus ; qu'ils l'arrachent et il ne leur restera plus rien.

CHAPITRE XII

LE DIVIN MONOSYLLABE

Il est un mot que l'initié de la caste des prêtres prononce tous les matins en s'éveillant.

Un mot que le brahme murmure en montant à l'autel quand il va offrir le sacrifice.

Un mot que dans le danger on prononce avec effroi, car nulle oreille servile ne devait l'entendre, sous peine de voir le téméraire qui l'avait livré brûlé par le feu céleste.

Un mot que les mourants invoquaient avec espoir.

Un mot dont Manou lui-même parle sans oser l'écrire.

« La sainte syllabe primitive composée de trois lettres, dans laquelle la triade védique est comprise, doit être tenue secrète. »

Ce divin monosyllabe, dans lequel se trouvaient réunies toute la science et toute la puissance des dieux, qui faisait descendre Brahma sur l'autel des sacrifices, éloignait les malins esprits, calmait la tempête et enlevait l'âme des mourants aux serres du Rakchasa qui attendait pour l'emporter au Naraka. Ce mentram des mentrams était le mot :

Aum!

La réunion de ces trois lettres représentait le germe universel, cet Être mystérieux existant par lui-même, dont la veille ou le sommeil crée ou dissout l'Univers, le dieu un irrévélé Swayambouvha, ou Dyaus.

Jadis les brahmes, initiés du culte supérieur, avaient seuls le droit de porter ce nom à leur cou, gravé dans l'intérieur d'un petit cylindre d'argent, et maintenu sur la poitrine par trois fils de coton.

En se décomposant, le mot *Aum* devenait le symbole de la trinité brahmanique.

A signifiait alors Brahma,

U signifiait Vischnou.

M représentait Siva.

La seule prononciation du mot *Aum* était en même temps une invocation à l'Être suprême et aux trois personnes de la triade.

CHAPITRE XIII

BRAHMA, DANS LE CULTE VULGAIRE

Nous avons vu quelles histoires singulières courent sur la Trimourty, dans le culte des soudras et des esclaves. Voici une biographie de Brahma que j'emprunte aux traditions des tchandalas ou gens sans castes, qui montre à quel degré de dégénérescence peuvent descendre les conceptions les plus élevées, quand la folie religieuse s'empare des cerveaux humains.

Brahma sortit, à l'aurore de la création, d'une fleur blanche de lotus, qui flottait à la surface des eaux. Il naquit avec cinq têtes représentant les cinq éléments :

L'éther,
L'air,

Le feu,
L'eau,
La terre.

Mais ayant fait violence à Parvady, femme de Siva, le dieu lui abattit une de ses têtes dans un combat singulier, et depuis Brahma n'est plus représenté qu'avec quatre têtes.

Il a pour monture un cygne, emblème du lotus.

Sa femme est sa propre fille, Sarasvata, qu'il enleva sous la forme d'un cerf.

Il exerce un empire absolu sur les destinées des hommes, et de sa main écrit sur leur front leur destin, et ce qui est écrit doit s'accomplir. Aussi entend-on constamment dans les circonstances de la vie, les Indous s'écrier dans le bonheur comme dans le malheur : « Nul ne peut se soustraire à ce qui est écrit sur son front. » La fatalité domine tout le brahmanisme vulgaire.

CHAPITRE XIV

VISCHNOU

Avant de reprendre la série des dieux, demi-dieux, génies et autres personnages de la mythologie de Manou, il me paraît utile, et c'est la marche que je suivrai jusqu'à la fin de cet ouvrage, d'achever de faire connaître les mêmes figures dans le Panthéon vulgaire.

Vischnou, seconde personne de la triade, conserve son nom primitif de Narayana (celui qui se meut sur les eaux), mais on lui a en outre octroyé quelques milliers de sobriquets dont on a fait, sous le nom de *Hary smarana*, de longues litanies. En voici un spécimen :

Dans la prière, je suis la gaïatry, — invocation sacrée d'une grande puissance.

Parmi les dieux je suis Indra.

Parmi les astres je suis le soleil.

Parmi les montagnes je suis le mont Mérou, — celui qui supporte le ciel.

Parmi les riches je suis Couvera.

Parmi les éléments je suis le feu.

Parmi les sages je suis Kapila-Mouny.

Parmi les prudents je suis Brighou.

Parmi les guerriers je suis Cartikeia.

Parmi les oiseaux je suis Garouda.

Etc., etc.

Tous les animaux, tous les éléments y passent : on en réciterait comme cela pendant plusieurs jours. Vischnou est tout et dans tout, c'est évidemment une manifestation grossière du panthéisme philosophique des initiés.

C'est Vischnou qui est chargé de s'incarner sur la terre chaque fois que la divinité a besoin de parler aux hommes. *Son dernier avatar* a été celui de Christna, fils de la vierge Devanaguy; sa prochaine sera celle du cheval Kalki : cette dernière incarnation sera suivie d'un nouveau déluge, après lequel l'innocence, la paix, le bonheur, l'âge d'or en un mot reparaîtront sur la terre.

CHAPITRE XV

SIVA

Siva, le transformateur dans le brahmanisme élevé, dans le culte vulgaire n'est plus qu'un destructeur. Et comme pour faire allusion à son pouvoir, on le représente sous une forme horrible. On rend son aspect plus singulier encore en couvrant sa statue de cendres, sa longue chevelure est tressée d'une manière bizarre, ses yeux, d'une grosseur démesurée, le font paraître dans un état continuel de fureur.

Au lieu de bijoux ce sont des serpents qui ornent ses oreilles et s'entrelacent autour de son corps. Il y a de ces statues que l'on place au coin des carrefours qui sont tellement colossales et font de si effroyables grimaces, que les pauvres Indous, la nuit venue, n'osent s'en approcher.

Il a pour monture principale le taureau.

Et pour arme un trident appelé *trissoula.*

Ses sectateurs se tracent, à l'aide d'un peu de couleur rouge, l'image de ce trident sur le front.

L'histoire de ce dieu, dans la mythologie vulgaire, n'est, de même que celle de tous les autres dieux, qu'un tissu de fables extravagantes. Il n'y est question que des luttes sans fin qu'il eut à soutenir contre les géants, de ses guerres avec les autres dieux, et surtout de ses amours. Tous les farces de l'Olympe grec se retrouvent dans l'histoire amoureuse de Siva, et le taureau galant sous les traits duquel Jupiter enlevait Europe, n'est qu'un maigre personnage en présence du taureau, monture de Siva.

Dans une de ses guerres contre les mauvais génies qui menaçaient les dieux, Siva résolut d'en finir par un vigoureux coup de main qui pût consommer d'une façon irrémissible la ruine de ses ennemis. Il fendit la terre en deux et en prit la moitié pour s'en faire une massue. Il fit de Brahma son général, les quatre Védas, changés en chevaux, lui servirent de monture et il les attela à son char de guerre. Il prit Vischnou pour s'en servir comme d'une flèche, le mont Mantra-Parvatta pour s'en faire un arc, et dans cet équipage formidable il conduisit son armée contre les ennemis des dieux : il prit toutes leurs forteresses et les extermina jusqu'au dernier.

Ne rions point trop, les prêtres indous sont aussi forts que nos lévites, et quand on se moque devant eux de ces histoires dont ils nourrissent la plèbe, ils vous répondent avec assurance que vous ne comprenez rien à ces sublimes allégories, qu'il ne faut voir là que des symboles, qu'ainsi les génies dont il est question sont les mauvaises passions contre lesquelles il faut lutter, que pour cela il faut s'adresser à Brahma, père des dieux et des hommes, qu'il faut se faire conduire vers lui par les quatre Védas, c'est-à-dire la méditation de l'Ecriture sainte, et que le meilleur moyen de faire parvenir ses prières au maître des dieux est de les adresser à Vischnou qui, comme une flèche qui vole aux cieux, servira de trait d'union avec Brahma et effacera les mauvaises actions. On voit que cette immense farce du symbolisme religieux n'est pas née d'hier.

Un dernier trait pour finir.

Siva eut beaucoup de peine à trouver une femme, mais ayant fait une longue et austère pénitence sur la montagne Mantra-Parvatta, celle-ci en fut si touchée qu'elle lui donna sa fille Parvady ; ce que le frocard indou explique en vous disant que c'est une image qui montre que la méditation sur les montagnes procure la sagesse.

CHAPITRE XVI

INDRA, DIEU DES SPHÈRES CÉLESTES

Au-dessous de la Trimourty se trouvent quatorze grand dieux, issus d'elle, ses mandataires directs, dont le premier est Indra, dieu des cieux inférieurs, c'est-à-dire du Swarga.

Les dieux subalternes et les saints personnages qui habitent ce lieu de délices, sont innombrables; Indra est chargé de leur bonheur : il leur distribue l'amrita ou nectar, et leur procure tous les plaisirs qui peuvent flatter leurs sens; ils peuvent les savourer tous, même celui de l'amour, sans être jamais rassasiés.

Ce dieu a pour monture un éléphant, et pour arme le *vadjyra*, sorte d'instrument tranchant; il a à sa disposition la foudre, et s'en sert pour frapper les géants qui entassent sans cesse montagnes sur montagnes, pour escalader le Swarga.

Le palais d'Indra est au centre de ce lieu fortuné,

où se trouve le fameux arbre Kalpa, *arbre de vie et de science*, qui donne l'immortalité et la puissance à tous ceux qui mangent de ses fruits dorés ; la conquête de ces pommes d'or est l'ambition de tous les héros dans les vieux poèmes indous.

Près de cet arbre paît la vache Kamadenou, qui donne toujours, comme une bouteille inépuisable, un lait délicieux. Ce lait, ces fruits d'or et l'amrita composent toute la nourriture des dieux.

Rien n'égale la vénération que les Indous ont pour cet arbre et cette vache, et la ferveur avec laquelle ils leur adressent leurs prières et leurs vœux.

Le Swarga renferme encore une foule d'autres arbres ; les eaux limpides de plusieurs fleuves y serpentent en tous sens ; le principal de ces fleuves est le Mandaguy, fleuve dont les eaux fraîches et délicieuses procurent aux heureux qui habitent ce séjour, l'oubli de leur vie terrestre, afin que le souvenir des misères passées ne vienne pas troubler le bonheur présent.

Les bienheureux sont constamment réjouis par les doux sons du vounei et du kanhora, que les Gandharvas ou musiciens célestes marient aux accents de leurs voix mélodieuses.

D'innombrables Devadassi, ou bayadères célestes, réjouissent les yeux par leur danse, et apaisent constamment les feux qu'elles font naître.

Le célèbre théologien Brouhaspati y fait l'office de gourou (maître des dieux), et il leur explique les merveilles des Védas.

On trouve enfin, chose assez extraordinaire, deux

médecins dans ce Swarga. Ce sont Chonata et Koumara. Leur emploi doit être une véritable sinécure, car les dieux et demi-dieux du paradis d'Indra sont absolument soustraits, par l'immortalité, à l'influence des deux personnages, qui ne sont sans doute là que comme une antithèse, ou pour compléter la collection.

On parvient dans le paradis par huit entrées magnifiques, situées aux quatre points cardinaux, et avec quatre sections qui les divisent. Ces portes sont gardées :

A l'est par Indra, monté sur son éléphant, armé du vadjyra et habillé de pourpre.

Au sud-ouest par Agni, monté sur un bélier, armé du chiky et habillé de violet.

Au sud par Yama, monté sur un buffle, armé du danda et habillé d'orange.

Au sud-est, Neiritia, monté sur un centaure, armé du koutah, et habillé de jaune foncé.

A l'ouest par Varouna, monté sur un crocodile, armé du patcha et habillé de blanc.

Au nord-ouest par Vahyou, monté sur une gazelle, armé du douadjah et habillé de bleu.

Au nord par Kouvera, monté sur un cheval, armé du kadga et habillé de rose.

Au nord-est par Isannia, monté sur un taureau, armé du trissoula et habillé de gris.

Un vaste fleuve entoure le Swarga, et les âmes des morts qui veulent le traverser sont obligées d'implorer le funèbre nocher Engha, dont la barque est conduite par une vache qu'Engha tient par la queue.

Le terrible chien, Kerpura-Nai, muni de trois énormes têtes qui lancent des flammes à pleines gueules, défend l'approche de cette embarcation aux morts qui ne sont pas accompagnés du génie familier qui les a accompagnés dans la vie, et qui vient répondre pour eux sur les bords du fleuve funéraire.

Une fois le fleuve franchi, l'âme du mort se présente à la porte du sud, devant Yama, qui pèse dans une balance toutes ses actions, bonnes et mauvaises, et lui permet l'entrée du Swarga ou le précipite dans le fleuve, d'où il tombe dans le Naraca, lieu de souffrances où il devra se purifier, avant de revenir sur la terre recommencer toute la chaîne des migrations inférieures auxquelles ses fautes l'auront fait condamner.

L'entrée du Swarga est accordée à toutes les personnes vertueuses sans exception de rang ou de caste, qui sont parvenues sur la terre au degré de sainteté requis.

CHAPITRE XVII

LE MONT MÉROU

Épuisons la série des lieux de délices, puisque Indra vient de nous donner l'occasion d'en parler.

Ils sont au nombre de quatre :

Le Swarga, dont nous venons de parler, et qui est le paradis d'Indra.

Le Keilassa, qui est le paradis de Siva.

Le Veikonta, qui est le paradis de Vischnou.

Le Sattia Loca, qui est le paradis de Brahma.

Les poèmes indous placent ces différents lieux de béatitude sur une montagne appelée le mont Mérou.

Cette montagne a la forme d'un cône, contourné en manière de colimaçon, et divisé par étages.

Au premier étage, du côté nord, est le Swarga, paradis d'Indra.

A gauche, du côté de l'est et un étage plus haut, est le Keilassa, paradis de Siva.

Encore un étage plus haut, du côté du midi, le Veikonta, paradis de Vischnou.

Enfin, sur la cime même de la montagne s'élève le Sattia-Loca, paradis où se tient dans son immobilité et sa puissance Brahma, maître des dieux et des hommes, créateur souverain de tout ce qui existe.

CHAPITRE XVIII

LE KEILASSA, PARADIS DE SIVA

Le Keilassa est adossé sur la montagne, au-dessus du Swarga, sur un plan triangulaire. C'est un lieu charmant où Siva tient sa cour et où il reste de préférence avec sa femme, Parvady.

Leur principale préoccupation est de s'y livrer sans cesse aux plaisirs de l'amour.

Avec eux habitent leurs deux fils, Ganèsa et Cartikeia, doués tous deux d'une force immense : ils sont la terreur des esprits et demi-dieux des sphères inférieures.

La cour de Siva se compose d'une troupe de demi-dieux commandée par Nandy; sous ses ordres sont trois lieutenants : Bringay, Bima et Kadourguyta, dont la taille et le visage sont effrayants à voir.

Les demi-dieux Rahirava et Darchana sont préposés à la garde du Keilassa ; ils ont à leur suite une foule d'esprits tous plus horribles les uns que les autres, qui sèment partout la terreur. Ils sont toujours nus et en état d'ivresse, et dans tout le Keilassa on n'entend que le bruit de leurs querelles et de leurs combats.

Siva ne boit que des liqueurs fortes et ne cesse d'être ivre que pour se livrer à d'autres excès.

Il ne faut pas oublier que nous sommes ici sur le terrain du culte vulgaire, et que le transformateur de la nature a été mis à ce niveau par le prêtre pour mieux abrutir les soudras et les esclaves.

Les dévots à Siva et les adorateurs du linguam vont dans ce lieu après leur mort.

CHAPITRE XIX

LE VEIKONTA, PARADIS DE VISCHNOU

Dans ce lieu sont reçues seulement les âmes des morts qui de leur vivant se sont spécialement consacrés au culte de ce dieu.

Il est situé au-dessus du Keilassa, paradis de Siva, dans un site charmant, qui lui a fait donner le nom de Veikonta, ou séjour enchanteur.

Les tentures précieuses, les riches tapis, l'or, les diamants y brillent de tous côtés.

Au centre même de ce lieu de délices, s'élève un superbe palais habité par Vischnou et son épouse Lakmy. Près d'eux vit Pradoumèna, leur fils aîné, leur petit-fils Aniroudou, fils du précédent, Oucha, sa femme, et Rana, leur fille.

On rencontre dans ce paradis, comme dans tous les

autres, des arbres, des fleurs, des fruits, des animaux sacrés et surtout des paons en grande quantité.

Au pied de la résidence royale coule le fleuve Karona. Une foule de saints pénitents habitent sur ses rives et y coulent des jours heureux et paisibles ; des fruits et des légumes qui croissent spontanément font toute leur nourriture; leurs loisirs se partagent entre la lecture des Védas et la contemplation.

Vischnou, comme on le voit, n'a pas été autant rabaissé que les autres dieux par la tradition populaire.

CHAPITRE XX

LE SATTIA LOCA, OU PARADIS DE BRAHMA

Ce nom de Sattia Loca signifie le lieu de la vérité, le séjour de la vertu.

Le Sattia Loca est le lieu le plus élevé parmi les séjours de béatitude; c'est le paradis de Brahma, où il habite avec sa femme Sarasvata.

Le Gange arrose de ses flots purs cet asile divin, et c'est de là que les eaux divines se précipitent sur l'Himalaya, et de là coulent sur la terre.

Ce paradis est ouvert aux seuls brahmes qui, par la pratique des austérités les plus méritoires et de toutes les vertus sur la terre, sont parvenus au degré de sainteté nécessaire pour y être admis. Les personnes de toute autre caste, quelque édifiante, quelque pure qu'ait été leur vie, en sont irrévocablement exclues.

Au milieu de ce lieu se trouve un immense Assouata, ou figuier des pagodes (*ficus religiosa*), qui, par son ombrage, couvre le mont Mérou tout entier de son ombre bienfaisante ; il est la souche de tous les arbres de même espèce que l'on rencontre sur la terre.

Cet arbre est le plus révéré de tous les végétaux dans l'Inde, et, au point de vue pittoresque, c'est un des plus beaux du pays. Il acquiert un volume considérable, et se rencontre en abondance dans tous les lieux sacrés, aux environs des pagodes, sur les bords des étangs d'oblation. Chaque village en possède au moins un sur sa place principale ; c'est sous son ombrage que viennent s'asseoir les chefs de caste ; on l'appelle dans ce cas l'arbre de justice.

CHAPITRE XXI

LE MOKCHA

Au-dessus de la récompense que reçoivent les âmes purifiées par les bonnes œuvres, dans les différents séjours de félicité dont nous venons de parler, et qui sont, à proprement parler, réservés à la plèbe, il en est une suprême, à laquelle ont aspiré tous les sages de l'Inde ancienne : c'est l'espoir de l'obtenir qui a rempli les vallées de l'Himalaya, les forêts impénétrables des rives du Gange, les jongles du Maïssour et du Malayalam, et les hautes montagnes de Ceylan, de sannyassis, de vanaprasthas, de cénobites, d'anachorètes de tous ordres.

C'est cette espérance de conquérir cette récompense, qui a encombré l'histoire de l'Indoustan de ces fakirs célèbres, se faisant écraser sous les statues des dieux, et défiant la douleur et la mort dans d'affreuses tortures, qui parvenaient à peine à leur arracher un sourire.

Tous n'avaient qu'un but, qu'une ambition : c'était de parvenir au Mokcha.

Parvenir au Mokcha, c'est s'absorber dans la grande âme, c'est s'identifier avec Swayambouvha, l'Être immortel qui existe par lui-même; c'est faire partie intégrante de la divinité, tout en conservant son individualité ; c'est devenir Dieu.

Quand arrive le Pralaya, ou époque de dissolution universelle, tout rentre dans le non-être; les cieux inférieurs, Keilassa, Veikonta, Swarga, n'existent plus ; mais l'âme, qui a atteint le Mokcha, n'a plus à craindre ni la destruction, ni les migrations terrestres : son bonheur est immortel.

Il faut mille et mille générations de souffrances, de vertu, de privations, de sacrifices, pour conduire une âme au Mokcha..., pour faire un Dieu.

CHAPITRE XXII

LE NARACA

Après les lieux de délices, l'enfer, la suite est logique. D'après Manou, il y a vingt et un *lieux inférieurs*, ou lieux de souffrances; voici les slocas du livre IV qui les établissent :

« Celui qui reçoit des présents d'un roi avide et méchant, ou qui accepte de le servir, passe successivement dans les vingt et un enfers, qui sont :

*
* *

« Le Tamisara, l'Andhatamisra, le Mahârôrava, le Rôrava, le Naraca, le Calasoutra, le Mahânaraca.

*
* *

« Le Sandjvana, le Makavitchi, le Tapana, le Sampratapana, le Samhâta, le Sacacola, le Coudmala, le Pantimrittica;

*
* *

« Le Lohasanca, le Ridjîcha, le Panthâna, la rivière Sâlmati, l'Asipatravama et le Lohadâraca. »

*
* *

Au livre XII, Manou nous donne, dans les slocas suivants, un avant-goût des plaisirs réservés aux misérables qui sont obligés de parcourir ces lieux de souffrances.

« Ils vont d'abord dans le Tamisara et dans d'autres horribles demeures de l'enfer, dans l'Asipatravana et enfin dans tous les lieux de captivité et de torture.

*
* *

« Des tourments de toutes sortes leur sont réservés; ils seront dévorés par des corbeaux et par des hiboux ; ils avaleront des gâteaux brûlants, marcheront sur des sables enflammés, et éprouveront l'insupportable douleur d'être mis au feu comme les vases d'un potier.

*
* *

« Ils renaîtront ensuite sous les formes d'animaux exposés à des peines continuelles ; ils souffriront alternativement la douleur, l'excès du froid et du chaud, et seront en proie à toutes les terreurs. »

*
* *

Voici l'explication que je puis donner, d'après les commentateurs, des différents lieux de supplice énumérés par Manou :

LE TAMISARA

Lieu d'épaisses ténèbres, dans lequel les misérables sont condamnés à errer pendant de longues années, en proie aux terreurs les plus étranges.

L'ANDHATAMISARA

Lieu où les ténèbres, plus épaisses encore, sont mélangées de vapeurs de soufre, de bitume et autres produits nauséabonds.

LE RÔRAVA

Ou séjour des larmes.

LE MAHARORAVA

Séjour des larmes plus abondantes encore.

LE MAHAVITCHI

Lieu où les condamnés sont perpétuellement roulés dans un torrent au milieu de grandes vagues, avec des quartiers de roche mobiles.

LE NARACA ET LE MAHANARACA

Séjour de grandes douleurs pour l'esprit.

LE CALASOUTRA

Séjour des animaux féroces.

LE SANDJVANA

Séjour des insectes venimeux.

LE MAHADARACA

Séjour des animaux impurs.

LE PANTHANA

Séjour de tous les maux.

LE SAMHATA

Séjour des oiseaux de proie.

LE SACACALA

Séjour des vampires, qui rongent perpétuellement les crânes des trépassés.

LE CANDMALA

Séjour du fiel et du poison.

LE PANTIMRITTICA

Séjour des serpents.

LE TAPANA

Lieu des souffrances terribles.

LE SAMPRATAPANA

Lieu des souffrances plus terribles encore.

LE LOHASANCOU

Lieu des dards de feu ; des boutams ou démons sont dans ce sinistre séjour sans cesse occupés à lancer les malheureux sur ces pointes de feu, et leurs corps, déchiquetés en lambeaux et tout sanglants, reçoivent constamment des forces pour la souffrance.

LE RIDJICHA

Sombre lieu où les damnés sont brûlés sur des grils de fer.

L'ASIPATRAVANA

Lieu des épées et des tridents.

LE SALMALI

Lieu où coule une rivière de feu.

Voici la description très imagée que le *Padma-Pourana* donne des souffrances endurées dans ces différents lieux ; c'est assez réussi comme morceau de littérature sacerdotale.

« Une nuit éternelle enveloppe ces lieux ; on n'y entend que des gémissements et des crix affreux. Les douleurs les plus aiguës, qui puissent être causées par le fer et le feu, y sont ressenties sans interruption.

*
* *

« Il y a des supplices affectés à chaque genre de faute, à chaque sens, à chaque membre du corps, qui ont servi à commettre les crimes.

*
* *

« Feu, fer, serpents, insectes venimeux, animaux féroces, oiseaux de proie, poison, puanteur effroyable, tout en un mot est employé pour tourmenter les damnés.

*
* *

« Les uns ont les narines traversées par un cordon à l'aide duquel on les traîne sans cesse sur le tranchant de haches extrêmement affilées.

*
* *

« D'autres sont condamnés à passer par le trou d'une aiguille, et sont pour cela battus sur une enclume par de noirs démons.

*
* *

« Ceux-ci sont constamment aplatis entre deux rochers qui se rejoignent ensemble et les écrasent sans les détruire ; les misérables se relèvent sanglants, cherchent à fuir, mais un rakcham, ou génie malfaisant, les rejette immédiatement entre deux roches.

*
* *

« Ceux-là, solidement attachés à un croc de fer rouge, sont entourés de vautours affamés, qui leur rongent à qui mieux mieux les yeux, le foie, le cœur, la cervelle et les entrailles.

*
* *

« Ces misérables aussi, de temps à autre, parviennent à se soustraire à ce supplice ; ils courent, ils se sauvent, déjà ils entrevoient la liberté, mais un boutam les saisit, les repend à leurs crocs, et les vautours aux pieds jaunes de battre des ailes avec des cris affreux en voyant qu'on leur a rapporté leurs victimes, et ils reprennent de plus belle leur sinistre besogne.

*
* *

« Il y en a des milliers qui nagent continuellement et barbotent dans des étangs pleins de boue immonde et de détritus en putréfaction ; ils sont eux-mêmes une pourriture vivante, rongée par les vers...»

*
* *

Pour un enfer!... ce n'est pas trop mal imaginé, n'est-ce pas?... Et dire que les prêtres de Rome, quand ils s'adressent aux pauvres, aux humbles, aux enfants et aux femmes, en sont encore à la description brahmanique quand ils parlent de leurs purgatoires... Seulement, eux, ils sont plus malins que leurs ancêtres des bords du Gange ; ils vous font sortir de là avec de l'argent.

Malheur aux pauvres! telle est la devise sacerdotale moderne ; et puis voyez comme tous nos bons lévites sont intelligents :

On sort du Naraca indou quand on est purifié.

On sort du purgatoire chrétien quand les héritiers du mort ont grassement payé le billet d'exéat. Mais comme l'héritier a parfois l'oreille dure et qu'il n'entend pas toujours les cris de son malheureux parent, qui est en train de faire un tour de broche, nos porte-soutanes ont inventé l'enfer, d'où on ne peut sortir, et grâce à cette grossière plaisanterie récoltent d'abondantes offrandes, du vivant des malheureux que la peur assouplit.

Et ce n'est pas près de finir.

Les appétits satisfaits de longtemps encore ne voudront pas se passer du secours du mystère, de la peur et du prêtre... C'est ce qui s'appelle, dans le style républicain conservateur moderne, protéger le clergé national contre les congrégations.

Nous avons fait quatre révolutions contre les rois.

Il faudra que nous en fassions une contre l'hypocrisie, et la politique des ventripotents.

CHAPITRE XXIII

MÉTEMPSYCOSE

Après les mythes de Swayambouvha et de la triade, de la création et de la dissolution, après ceux des lieux de délices et du Naraca, il nous paraît logique de placer le mythe de la métempsycose, ou transmigration des âmes.

Manou a exposé les principes de cette croyance d'une façon claire et saisissante, et va nous montrer une fois de plus que l'Inde a été l'initiatrice et non l'imitatrice des Grecs.

Tout est à lire, à méditer dans ce passage que nous empruntons à notre propre traduction.

« O toi qui es la pureté suprême, maintenant que tu nous as dit quels étaient les devoirs des quatre classes, révèle-nous la vérité sur l'âme, le châtiment et la récompense.

***

« L'envoyé de Dieu, Manou, le juste par excellence, répondit : — Écoutez et apprenez quelle est la souveraine destinée de tout ce qui est doué de la faculté d'agir.

***

« De tout acte de la pensée, de la parole ou du corps, résulte un bon et un mauvais fruit; des actions des hommes naissent leurs differentes conditions, supérieures, moyennes ou inférieures.

***

« Sachez que, dans cet univers, l'esprit est l'instigateur de cet acte lié avec l'être animé, qui a trois degrés, qui s'opère de trois manières et qui est de dix sortes.

***

« Penser aux moyens de s'approprier le bien d'autrui, méditer un acte répréhensible, embrasser l'athéisme et le matérialisme, sont les trois actions coupables de l'esprit.

*
* *

« Proférer des injures, mentir, médire de tout le monde, mal parler des choses sacrées, sont les quatre actions coupables de la parole.

*
* *

« S'emparer du bien d'autrui, faire du mal aux êtres animés sans y être autorisé par la sainte Écriture, ravir la femme d'un autre, sont reconnus comme les trois actions coupables du corps.

(Les dix actions opposées à ces dix mauvaises sont bonnes au même degré. — Commentaire de Collouca-Batta.)

*
* *

« Pour les bonnes actions qui viennent de l'esprit, l'être animé et doué de raison *est récompensé dans son esprit!* Pour celles qui viennent de la par le, il en est récompensé dans les organes de la parole; pour celles qui viennent du corps, il en est recompensé dans son corps.

*
* *

« Pour les mauvaises actions qui proviennent de l'esprit, l'homme renaît dans la condition humaine la plus vile; pour celles commises par parole, il revêt la forme d'un oiseau ou d'une bête fauve; pour les fautes provenant du corps, il passe à l'état de créature privée de mouvement.

*
* *

« Celui qui possède une autorité souveraine sur son esprit, ses paroles et son corps, peut recevoir le nom de Tridandi, c'est-à-dire qui possède la triple volonté.

*
* *

« L'homme qui déploie cette triple volonté en toutes circonstances, qui est maître de ses actions et qui réprime le désir et la colère, obtient par ce moyen la félicité céleste et éternelle.

*
* *

« Le moteur de ce corps est appelé kchetradjna (âme principe de vie), et le corps qui accomplit des fonctions visibles et matérielles a reçu le nom de boûtâtmâ (composé d'éléments).

*
* *

« Un autre élément interne appelé mahat (sensation) voit avec tous les êtres animés, et c'est grâce à lui que le kchetradjna perçoit le plaisir et la peine, c'est le lien qui unit le corps à l'âme.

*
* *

« La sensation et l'âme intelligente unies aux cinq sens — l'ouïe, la vue, l'odorat, le toucher, l'attrait mutuel des sens — sont dans une liaison intime et constante avec le Grand Tout qui réside dans les êtres de l'ordre le plus élevé, aussi bien que dans ceux de l'ordre le plus bas.

*
* *

« De la substance même du Grand Tout s'échappent continuellement d'innombrables principes vitaux qui communiquent sans cesse le mouvement aux créatures des divers ordres.

*
* *

« Après la mort, les âmes des hommes qui ont commis de mauvaises actions prennent un autre corps, à la formation duquel concourent les cinq éléments subtils et qui est destiné à être soumis aux tortures de l'enfer.

*
* *

« Lorsque les âmes revêtues de ce corps ont subi dans l'autre monde les tortures de l'enfer, elles entrent dans les éléments grossiers, auxquels elles s'unissent pour reprendre un corps et revenir au monde achever sa purification.

*
* *

« Après avoir reçu le châtiment de ses fautes, nées de l'abandon aux plaisirs des sens, l'âme dont la souillure a été effacée aspire de nouveau à se réunir, dans le swarga (ciel), à l'Ame suprême.

*
* *

« Les mérites et les démérites de l'âme sont de nouveau pesés et examinés, et, suivant que la vertu ou le vice l'emporte, elle obtient la récompense ou un nouveau châtiment.

*
* *

« L'âme qui a presque toujours pratiqué la vertu, et rarement le vice, se rend directement au séjour de délices, dès qu'elle abandonne son enveloppe formée des cinq éléments mortels.

*
* *

« Mais chaque fois qu'elle s'adonnera au mal plutôt qu'au bien, et que la somme des actions coupables dépassera celle des bonnes, elle sera soumise aux tortures de l'enfer.

*
* *

« Chaque fois également qu'elle aura enduré les tourments de l'enfer, et que ses fautes auront été effacées, l âme reprendra son enveloppe mortelle pour venir de nouveau sur la terre achever de se purifier.

*
* *

« L'homme doit considérer que ces transmigrations successives de l'âme étant le produit de la vertu et du vice, il ne dépend que de sa volonté de diriger son esprit vers la vertu et d'abréger son temps d'exil.

*
* *

« Qu'il sache que l'âme possède la notion du bien, celle du mal, et qu'il y a de plus en elle des aspirations qui ne se peuvent définir en ce monde, ce qui tient à son union avec les substances matérielles et périssables dont le corps est formé.

*
* *

« Lorsque soit le bien, soit le mal, arrivent à dominer entièrement un être animé, ils le rendent semblable à eux; mais ce qui fait la punition ou la récompense légitime, c'est la liberté du choix de l'homme entre le bien et le mal.

*
* *

« Le bien, c'est la bonté, la science et la modération. Le mal, c'est l'ignorance, la passion et les appétits brutaux, toutes choses qui luttent dans l'homme et qu'il doit savoir maîtriser à son gré.

*
* *

« Lorsque l'être animé découvre en lui un sentiment honnête, tendre, affectueux, élevé, calme et pure comme le jour, qu'il dise : Cela vient du bien !

*
* *

« Mais toute disposition de l'âme qui est accompagnée de desseins pervers, de haine, de colère, ou qui tend à la pure satisfaction des sens, doit être déclarée provenir du mal.

*
* *

« Quant à cette sensation de l'âme qui s'applique à ce qu'elle ne peut ni discerner, ni expliquer, ni comprendre, c'est l'inconnu, le mystérieux, qu'il n'appartient qu'à la Grande Ame de connaître. Il y a des fautes qui proviennent aussi de cet inconnu qui rend l'âme insatiable.

*
* *

« Je vais maintenant vous faire connaître les actes bons ou mauvais qui procèdent de ces trois qualités.

*
* *

« L'étude du Véda ou sainte Écriture, la dévotion austère, la science des choses sacrées, la pureté, l'action de dompter les organes des sens, l'accomplissement de tous les devoirs, la méditation sur l'Être suprême, sont les effets du bien.

*
* *

« N'agir que dans l'espoir d'une récompense, se laisser aller au découragement, faire des choses défendues par la loi, et s'abandonner sans cesse aux plaisirs des sens.

*
* *

« La cupidité, l'indolence, l'irrésolution, la médisance, l'athéisme, l'omission des actes prescrits, l'importunité et la négligence proviennent du mal.

*
* *

« Lorsqu'on désire du profond de son cœur connaître les *vérités sacrées*, lorsque nulle honte intérieure n'accompagne les actes que l'on accomplit, lorsque l'âme au contraire en ressent une réelle satisfaction, on peut dire que l'on se conduit d'après les principes du bien.

*
* *

« Toute action dont on a honte lorsqu'on vient de la commettre, ou lorsqu'on se prépare à la faire, doit être considérée par l'homme sage comme une action mauvaise.

*
* *

« L'acte par lequel l'âme aspire après l'inconnu, est un souvenir du *swarga* dont elle a gardé l'empreinte, comme on voit vaguement au réveil les images qui vous ont frappé dans les songes.

*
* *

« Je vais vous déclarer succinctement, et par ordre, les diverses transmigrations que l'âme éprouve dans cet univers par l'influence de ces trois qualités.

*
* *

« Les âmes qui ne sont mues que par l'idée du bien acquièrent la nature divine ; celles que domine le le mal, sans que le bien ait été exclu de tous leurs actes, ont en partage la condition humaine. Quant aux âmes qui sont restées dans l'obscurité sans distinguer le bien du mal, elles recommencent la série des transmigrations par l'état d'animaux.

*
* *

« Ces trois sortes de transmigrations ont chacune trois degrés différents : le supérieur, l'intermédiaire, l'inférieur, en raison des degrés divers des mauvaises actions dont l'homme a pu se rendre coupable.

*
* *

« Les âmes qui ont vécu détachées de la terre, n'aspirant qu'à Dieu, deviennent des anges, c'est-à-dire des esprits intermédiaires entre la création et le créateur ; elles ne sont pas comprises dans les catégories suivantes.

*
* *

« L'homme qui est resté dans l'obscurité sans s'inquiéter de distinguer le bien du mal, renaîtra dans les êtres qui ont vie sans mouvement, comme les végétaux ; de là il passera en s'élevant graduellement par les végétaux, les vers, les insectes, les poissons, les serpents, les tortues, les bestiaux et les animaux sauvages : tel est le degré inférieur.

*
* *

« Puis, passant dans le degré intermédiaire, il sera successivement sanglier, tigre, lion, cheval et éléphant.

*
* *

« A ce moment il atteindra au degré supérieur, et redeviendra homme, mais ne sortira pas de la caste misérable des tchandalas, qui fournit les danseurs et charlatans : tels sont les trois degrés et les transmigrations auxquels sera assujetti l'homme qui, dans une première existence, ne se sera pas, par la distinction des actions bonnes et mauvaises, élevé au-dessus de la brute.

*
* *

« Celui qui ayant connu le bien l'a pratiqué, mais a commis aussi des actions mauvaises qui à des degrés différents contrebalancent les bonnes, parcourra successivement les trois classes des transmigrations suivantes.

*
* *

« Dans la classe inférieure, il reviendra parmi les bâtonnistes, les lutteurs, les charmeurs d'animaux, les acteurs et les maitres d'armes.

*
* *

« Dans la classe intermédiaire, il renaitra guerrier, roi, juge, orateur.

*
* *

« Dans la classe supérieure, alors que les bonnes actions commencent à dominer de beaucoup les mauvaises, l'âme ne revient plus transmigrer sur la terre, elle commence à s'élever vers les sphères célestes, et va animer les corps des musiciens, des génies et des danseuses célestes qui chantent les louanges de la Grande Ame dans les quatorze cieux d'Indra.

* * *

« Ceux qui n'ont connu et pratiqué que le bien ne transmigrent pas, ils restent au service de Brahma, qui les envoie, comme une émanation de sa puissance, tantôt habiter la terre pour y servir d'exemple, tantôt veiller à l'harmonie des sphères célestes.

* * *

« Dans le premier degré, ce sont les anachorètes, les dévots ascétiques, les brahmes, les légions de demi-dieux aux chars aériens, les génies des astérismes lunaires, et ceux qui président aux jours.

* * *

« Dans le second degré, ce sont les sacrificateurs, les saints, les dévas, les génies qui conservent l'Écriture sainte, les divinités qui président aux étoiles et aux années.

*
* *

« Brahma, créateur suprême, génie de la vertu, Vischnou, principe de conservation, et Siva, principe de transformation, qui représentent l'un le Mahat et l'autre l'Avyacta, sont les seuls qui soient au degré supérieur du bien puisqu'ils sont le bien lui-même.

*
* *

« J'ai dit : Et ainsi vous est révélé, dans son entier, ce système de transmigration qui se rapporte à trois sortes d'actions divisées en trois degrés, dont chacun possède trois classes et comprend tous les êtres de la terre et des cieux.

*
* *

« En se livrant aux plaisirs des sens et en négligeant leurs devoirs, les hommes, assez mauvais pour ne pas se soumettre aux expiations saintes, reviennent dans les conditions les plus méprisables.

*
* *

« Apprenez maintenant, complètement et par ordre,

pour quelles actions commises ici-bas l'âme doit en ce monde revenir dans tel ou tel corps.

* * *

« Avant d'être condamnés aux transmigrations que vous allez connaître, les grands criminels vont passer de nombreuses séries d'années dans les sombres demeures infernales qui sont au nombre de vingt et une :

* * *

« Le Tamisra, l'Andhatamisra, le Mahârôrava, le Rorava, le Naraca, le Calasoutra, le Mahanaraca,

* * *

« Le Sandjivana, le Mahavitchi, le Tapana, le Sampratâpana, le Sambâta, le Sacâcola, le Coudmala, le Poûtimrittica,

* * *

« Le Lohasancou, le Ridjicha, le Pantana, la rivière Sâlmali, l'Asipatravana et le Lohadâraca.

* * *

« Le meurtrier d'un brahme revient dans le corps d'un chien, d'un sanglier, d'un âne, d'un chameau, d'un taureau, d'un bouc, d'un bélier, d'une bête sauvage, d'un oiseau, d'un tchandala (paria).

*
* *

« Le brahme qui s'adonne aux liqueurs spiritueuses renait sous la forme d'un ver, d'une sauterelle, d'un oiseau se nourrissant d'excréments, ou d'un animal impur.

*
* *

« Le brahme qui a volé passera mille fois dans des corps d'araignées, de serpents, de caméléons, d'animaux aquatiques et de vampires.

*
* *

« L'homme qui souille le lit de son père spirituel, c'est-à-dire de celui qui lui enseigne le véda, renait des milliers de fois à l'état d'herbe, de buisson, puis d'oiseau de proie, et ensuite d'animal féroce.

*
* *

« Ceux qui commettent des cruautés deviennent des animaux avides de chairs sanglantes, ceux qui usent d'aliments prohibés renaissent vers ; les voleurs passent dans les corps des animaux qui s'entre-dévorent; ceux qui courtisent des femmes de la basse classe deviennent des esprits errants.

*
* *

« Celui qui a eu des rapports avec des hommes dégradés, qui a connu la femme d'un autre, ou qui a volé quelque chose à un brahme, devient un esprit follet des eaux.

*
* *

« Si un homme dérobe par cupidité des pierres précieuses, des perles, du corail ou des bijoux de diverses sortes, il renaît dans la tribu des orfèvres (la subdivision la plus méprisée dans la caste soudra).

*
* *

« Pour avoir volé du grain il devient rat; du laiton, cigne; de l'eau, plongeon; du miel, taon; du lait, corneille; le suc extrait du palmier, chien ; du beurre clarifié, mangouste.

***

« S'il a volé de la viande, il renaît vautour; de la graisse, madgou; de l'huile, tailapaca (oiseau buveur d'huile); du sel, cigale; du caillé, cigogne.

***

« S'il a volé des vêtements de soie, il renait perdrix; une toile de lin, grenouille; un tissu de coton, courlier; une vache, crocodile; du sucre, vaggouda (espèce d'oiseau qui erre autour des sucreries et vole la cassonade et la mélasse).

***

« Pour un vol de parfums, il renaît rat musqué; d'herbes potagères, paon; de graines diverses, hérisson; de grains en vert, porc-épic.

***

« Pour avoir volé du feu, il renaît héron; un ustensile de ménage, frelon; des vêtements teints, perdrix rouge.

***

« S'il a volé un cerf ou un éléphant, il renaît loup ; un cheval, tigre; des fruits ou des racines, singe; une femme, ours; des voitures ou des bestiaux, chameau ou bouc.

***

« L'homme qui enlève par force tel ou tel objet appartenant à un autre, ou qui mange du beurre clarifié, des gâteaux ou de la chair, avant qu'ils aient été offerts à une divinité, sera inévitablement ravalé à l'état de brute.

***

« Lorsque les hommes des différentes classes, sans une nécessité urgente, négligent leurs devoirs particuliers, ils passent dans les corps des êtres de la plus vile caste, et sont réduits à servir leurs semblables.

***

« Un brahme qui néglige ses devoirs par cela seul que Dieu l'a créé pour être le gardien de la parole divine qui est dans le Véda, le sacrificateur, et le directeur de tous les êtres, sera puni plus sévèrement que les autres créatures.

***

« Les femmes qui contractent les mêmes souillures et commettent les mêmes fautes que les hommes, subissent les mêmes séries de transmigration.

***

« Plus les êtres animés oublieront la vertu pour se livrer sans retenue aux plaisirs des sens, et moins il leur sera facile de quitter la route du mal qu'ils auront choisie, comme le voyageur fatigué qui s'aperçoit de son erreur après de longs jours de marche, et qui n'a plus la force de regagner la bonne direction.

***

« Celui qui s'obstinera dans des actions mauvaises, oubliant son origine et la destinée future, souffrira des tortures de plus en plus cruelles et passera par des transmigrations de plus en plus infinies.

***

« Il ira du Tamisra à l'Asipatravana et au Lohadâraca, épuisant les demeures les plus horribles de l'enfer et les divers lieux de captivité et de torture.

***

« Des tourments de toutes sortes lui sont réservés : il sera dévoré par les corbeaux, les vautours et les hiboux ; il sera forcé d'avaler des ruisseaux de flammes, marchera sur des sables ardents, et sera mis au feu comme les vases d'un potier.

***

« Quand il renaîtra, ce sera sous la forme d'animaux exposés à des peines continuelles, sera en proie à toutes les terreurs, et souffrira continuellement de l'excès du froid ou du chaud. Il reviendra au monde un nombre incalculable de fois, subissant toujours des situations plus misérables, et réduit à l'état d'esclave, il n'aura plus ni parent, ni ami, ni richesse, il dépendra du caprice d'un maître.

***

« Sa vieillesse sera sans soutien et sans ressource, en proie aux maladies les plus affreuses et aux chagrins les plus cuisants ; il mourra dans l'effroi et l'abandon.

***

« Et il ne saurait maudire Brahma pour les douleurs qu'il s'est attirées lui-même : l'homme est libre dans le mal comme dans le bien, seulement il ne commet pas un seul acte qui ne doive lui attirer plus tard punition ou récompense.

***

« La rétribution due aux actions vous a été révélée en entier : connaissez maintenant les actes qui peuvent conduire le brahme (le prêtre) au bonheur éternel.

***

« Étudier et comprendre les Védas, pratiquer la dévotion austère, connaître l'Être suprême, dompter les organes de ses sens, ne point faire de mal et honorer son maître spirituel, sont les principaux moyens de parvenir à la béatitude finale.

***

« Mais parmi tous ces actes vertueux accomplis dans ce monde, en est-il de reconnu comme ayant plus de puissance que les autres pour conduire à la suprême félicité?

***

« De tous ces devoirs le plus important est d'acquérir la connaissance et l'amour de Dieu, là est le commencement et la fin de toute science, et c'est ainsi que l'on parvient le plus sûrement à l'immortalité.

***

« L'étude approfondie de l'Écriture sainte est le moyen le plus efficace d'arriver à la connaissance de la Grande Ame, et de procurer la paix en ce monde et un éternel bonheur dans l'autre.

***

« Car tout est dans l'étude du Véda et dans l'adoration de Dieu.

***

« Le culte prescrit par les livres saints à Dieu, se rend de deux manières, et conduit, dans l'un et l'autre cas, à la suprême félicité, mais à des degrés différents : l'une de ces deux manières est dite intéressée, et l'autre désintéressée.

***

« Si un acte pieux procède de l'espoir d'une récompense en ce monde ou dans l'autre, cet acte est dit intéressé, mais celui qui n'a d'autre mobile que la connaissance et l'amour de Dieu est dit désintéressé.

***

« L'homme dont tous les actes religieux sont *intéressés* parvient au rang des saints et des anges (dévas). Mais celui dont tous les actes pieux sont *désintéressés* se dépouille pour toujours des cinq éléments pour acquérir l'immortalité dans la Grande Ame.

***

« Voyant l'Ame suprême dans tous les êtres, et tous les êtres dans l'Ame suprême, et offrant son âme en sacrifice, il s'identifie avec celui qui est, et qui brille de sa propre splendeur.

***

« Tout en accomplissant les services religieux prescrits, le brahme doit méditer avec persévérance sur l'Ame suprême, mortifier ses sens et étudier l'esprit des livres saints.

***

« L'avantage de la régénération par la contemplation est très grand pour le brahme, car en devenant dwidja (régénéré, deux fois né dans le bien), il n'est plus sujet aux transmigrations futures.

***

« Le Véda est un soleil éternel pour les anges, les dieux et les hommes, le livre saint a été révélé aux mortels, et il n'est pas susceptible d'être mesuré par la raison humaine. Telle est la décision.

***

« Les recueils de lois qui ne sont pas fondés sur le Véda, ainsi que les systèmes hétérodoxes quelconques, ne produisent après la mort d'autre résultat que les ténèbres.

***

« Tous les livres qui ne reposent pas sur la sainte

Ecriture sont sortis de la main des hommes et périront, leur fin prouvera qu'ils sont inutiles et mensongers.

***

« La connaissance des quatre classes (brahmes, xchatrias, vaysias, soudras), des trois mondes (le ciel, la terre et l'enfer), et des trois périodes de la vie sacerdotale (brahmatchari, novice; Grihasta, maître de maison; Vanaprastha, anachorète; et sannyassi, dévot ascétique), avec le passé, le présent et le futur, dérive du Véda.

***

« Le son, l'attribut tangible, la forme visible, le goût et l'odorat, sont expliqués clairement dans le Véda, avec leurs formations, leurs qualités et leurs fonctions.

***

« Le véda est la science de tout ce qui existe. Celui qui le comprend bien parmi les brahmes est digne de la suprême autorité, il commande à la terre et a le pouvoir d'infliger des châtiments.

***

« De même qu'un feu violent brûle même les arbres encore verts, de même le brahme qui étudie et comprend les livres saints reçoit le pouvoir de détruire toute souillure née du péché.

*
* *

« Le brahme qui connaît parfaitement le sens du Véda, quelle que soit l'époque où il termine sa vie (c'est-à-dire novice, maître de maison, anachorète ou dévot ascétique), est sûr de s'identifier avec Dieu.

*
* *

« Ceux qui ont beaucoup lu valent mieux que ceux qui ont peu étudié, ceux qui possèdent ce qu'ils ont lu sont préférables à ceux qui ont oublié, ceux qui comprennent ont plus de mérite que ceux qui ne savent que par cœur, ceux qui remplissent leurs devoirs sont supérieurs à ceux qui les connaissent. Une seule bonne action vaut mieux que mille bonnes pensées.

*
* *

« La dévotion et la connaissance de l'Ame divine sont pour un brahme les meilleurs moyens de parvenir au bonheur suprême ; par la dévotion il efface ses fautes, par la connaissance de Dieu il se procure l'immortalité.

***

« Trois modes de preuves, l'évidence, le raisonnement et l'autorité des livres qui s'appuient sur la sainte Écriture, doivent être bien compris par celui qui cherche à acquérir une connaissance positive de ses devoirs et des vertus qui les composent, qui sont : la résignation, *l'action de rendre le bien pour le mal,* la tempérance, la probité, la pureté, la chasteté et la répression des sens, la connaissance de la sainte Écriture, celle de l'Ame suprême, c'est-à-dire Dieu, le culte de la vérité et l'abstinence de la colère.

***

« Celui qui raisonne sur la sainte Écriture et sur le recueil de *la loi,* en s'appuyant sur des règles de logique conformes au Véda, connaît seul le système des devoirs religieux et civils.

***

« Telles sont les règles de conduite qui mènent à la béatitude. Maintenant, va vous être déclarée la partie de ce livre de la loi qui doit rester cachée au vulgaire.

***

« Dans tous les cas, généraux ou particuliers, dont il n'est pas fait ici mention spéciale, et même pour l'interprétation de tout ce qui a été dit, si l'on demande ce qu'il convient de faire, le voici : Que la décision prononcée par les brahmes (les prêtres) instruits soit tenue pour certaine et obligatoire, sans contestation.

***

« On doit tenir comme instruits les brahmes qui ont étudié l'Écriture sainte, les différents livres de la loi qui en découlent, et qui peuvent tirer des arguments et des preuves des livres révélés.

***

« Que personne ne conteste une vérité décidée par une assemblée de brahmes vertueux, qui sont réunis au nombre de dix ou de trois.

***

« L'assemblée, composée de dix brahmes, doit renfermer : trois savants pundits versés dans les livres saints, un brahme connaissant le Nyaya, un autre imbu de la doctrine du Mimansa, un érudit connaissant le Niroucta, un légiste et un membre des trois premiers ordres sacerdotaux [1].

1. Les ouvrages dont parle cette strophe sont des commentaires sur l'Écriture sainte d'une haute antiquité; les brahmes du sud de l'Indoustan regardent les copies qu'on en possède comme modernes et tronquées.

***

« Un brahme ayant particulièrement étudié le Rig-Véda, un second connaissant spécialement l'Iadjour-Véda, et un troisième possédant le Sama-Véda forment le conseil de trois juges pour la solution de toutes les affaires civiles et religieuses.

***

« La décision d'un seul brahme, versé dans la sainte Écriture, doit être considérée comme une loi de la plus grande autorité ; elle est supérieure à celle de dix mille individus ne connaissant pas la doctrine sacrée.

***

« Les brahmes qui ne suivent pas les règles du noviciat, qui n'ont aucune connaissance de la sainte Écriture et ne possèdent d'autre recommandation que leur caste, seraient-ils au nombre de plusieurs mille, ne pourraient être admis à former une assemblée légale.

***

« La faute de celui à qui des gens ignorants dont l'intelligence n'est qu'obscurité expliquent la loi qu'ils ne connaissent pas eux-mêmes, retombera cent fois plus lourde sur ces hommes ineptes.

*
* *

« Les actes excellents qui conduisent à la béatitude éternelle vous ont été déclarés ; le dwidja qui ne les néglige pas obtient un sort très heureux.

*
* *

« C'est ainsi que le puissant et glorieux Manou, par complaisance pour les mortels, a révélé ces lois importantes, qui doivent être un secret pour les castes indignes de les connaître.

*
* *

« Que le brahme, réunissant toute son attention, voie dans l'Ame divine toutes choses visibles et invisibles, car, en considérant tout dans l'âme, il ne livre pas son esprit à l'iniquité.

*
* *

« L'âme est l'assemblage des dieux, l'univers repose

dans l'Ame suprême; c'est l'âme qui produit la série d'actes accomplis par les êtres animés.

*
* *

« Que le brahme contemple, en s'élevant par le secours de la méditation, l'éther subtil dans les cavités de son corps, l'air dans son action musculaire et dans les nerfs du toucher, la suprême lumière dans sa chaleur digestive et dans ses organes visuels, l'eau dans les fluides de son corps, la terre dans ses membres.

*
* *

« La lune dans son cœur, les saints des huit régions dans son organe de l'ouïe, Vischnou dans sa marche, Hara dans sa force musculaire, Agni dans sa parole, Mitra dans sa force excrétoire, Pradjapati dans son pouvoir procréateur.

*
* *

« Mais il doit se représenter le Grand Etre comme le souverain maître de l'univers, comme plus subtil qu'un atome, comme aussi brillant que l'or pur, et comme ne pouvant être conçu par l'esprit que dans le sommeil de la contemplation la plus abstraite.

*
* *

« Les uns l'adorent dans le feu, d'autres dans l'air. Il est le Seigneur des créatures, l'éternel Brahma.

*
* *

« C'est lui qui, enveloppant tous les êtres d'un corps formé de cinq éléments, les fait passer successivement de la naissance à l'accroissement, de l'accroissement à la dissolution, par un mouvement semblable à celui d'une roue.

*
* *

« Ainsi l'homme qui reconnaît, dans sa propre âme, l'Ame suprême présente dans toutes les créatures, comprend qu'il doit se montrer bon et loyal pour tous, et il obtient le sort le plus heureux qu'il puisse ambitionner, celui d'être à la fin absorbé dans Brahma.

*
* *

« Ainsi a parlé Manou, et le sage qui lit et observe les prescriptions de ce *Livre de la loi* pratique le bien et obtiendra la félicité suprême. »

*
* *

Toute la doctrine religieuse des brahmes est contenue dans ces pages remarquables, comme tous les systèmes philosophiques et modernes s'y trouvent en germe. L'antiquité tout entière a partagé ces croyances.

« La transmigration des âmes, dit Manethon, prêtre de Sebenyte, est le dogme le plus important de l'Egypte. »

Bouddah, chassé de l'Inde, vulgarisa cette doctrine dans l'Indo-Chine.

Zoroastre la transporta en Perse.

Pythagore, retour de l'Asie, l'enseigna en Grèce.

Et César la retrouvait en Gaule.

« Druides imprimis hoc volunt persuadere, non interire animas, sed ab aliis post mortem transire ad alias, atque hoc maxime ad virtutem excitari putant metu mortis neglecto. »

Socrate et Platon ne repoussèrent pas cette croyance, et Origène et plusieurs docteurs de l'Eglise tentèrent de l'introduire dans la foi catholique.

Elle ne fut définitivement condamnée qu'au concile de Nicée, où il se trouva encore une imposante minorité pour la soutenir.

Cette doctrine est exactement celle des Védas, et là, comme dans tout son ouvrage, Manou n'a été qu'un fidèle écho des vieilles traditions védiques.

CHAPITRE XXIV

INDRA VÉDIQUE

Bien que nous ne nous occupions dans cet ouvrage que de la mythologie de Manou et de l'Olympe brahmanique, c'est-à-dire des dieux dont les prêtres du culte vulgaire ont peuplé leur ciel pendant la période de leur domination politique, chaque fois que nous rencontrerons un dieu de cette période, que l'on puisse rencontrer dans le Véda, nous le signalerons.

Indra est un des dieux le plus souvent nommé dans les vieux livres sacrés de l'Inde. C'est la plus grande figure du *Rig-Véda*, plus de cent hymnes lui sont consacrés dans cet ouvrage. En voici un à titre de spécimen :

« Indra est plus étendu que le ciel, plus grand que

la terre, terrible et fort : il est le défenseur des hommes, et il s'enflamme et il aiguise son trait foudroyant, comme le taureau qui aiguise ses cornes.

*
* *

« Océan aérien, il est comme la mer, et reçoit dans son sein les vastes torrents du ciel. Indra, pour prendre part à nos libations, accourt avec l'impétuosité du taureau, toujours prêt à prouver sa force dans le combat pour mériter nos louanges. »

*
* *

« O Indra, ce n'est pas pour toi que le nuage grossit comme une montagne, tu le peux pour nous et fais jaillir la pluie, tu es le roi de ceux qui possèdent l'opulence. Dieu puissant, c'est par des coups d'éclat que tu nous apparais redoutable et prêt à toute attaque.

*
* *

« Il aime les hymnes que lui adressent les pieux solitaires de la forêt, et par ses exploits, il se fait reconnaître des mortels. C'est quand le noble Maolavan reçoit l'hommage de nos hymnes que son cœur est flatté, et que par ses largesses il répond aux vœux de ses serviteurs.

*
* *

« Soutien des mortels, avec une sainte vigueur, il livre pour eux de grands combats, aussi les mortels ont foi dans le brillant Indra qui frappe leurs ennemis d'un trait mortel.

*
* *

« Ami de la louange, de plus en plus ferme et vigoureux, il détruit les demeures fondées par les Assouras, il empêche les splendeurs célestes d'être voilées, et pour le bonheur de celui qui offre le sacrifice il fait descendre la pluie.

*
* *

« O toi qui aime le Soma et qui écoute nos hymnes avec plaisir, dispose ton âme à la libéralité, dirige de ce côté tes deux coursiers. Ceux que tu protèges, ô Indra, sont parmi les écuyers les plus habiles à conduire un char, ni la ruse ni la violence ne sauraient triompher de toi.

*
* *

« Dans tes mains tu portes des richesses infinies,

ton corps divin est doué d'une force invincible. Tels que des fontaines nombreuses, toutes les parties de ton vaste corps, ô Indra, sont des sources de bienfaits et d'œuvres salutaires.

***

« Avec l'empressement qui pousse le coursier vers la cavale, qu'Indra vienne prendre les copieuses libations que le père de famille a versées dans des coupes. Faisons que le grand dieu, avide de nos offrandes, arrête ici son char magnifique, tout resplendissant d'or et attelé de deux chevaux azurés.

***

« Les poètes, chantres pieux et avides de ses faveurs, entourent son autel, se rendant vers lui comme les marchands vers la mer. Toi aussi, empresse-toi de venir vers celui qui est le maître de la force et la vertu du sacrifice, de même que les femmes vont vers la montagne pour y cueillir des fleurs.

***

« Il est rapide, il est grand. Dans les œuvres viriles sa valeur brille d'un éclat irréprochable, terrible à nos ennemis et se voyant de loin, comme les cimes des grands arbres sur les collines. Terrible, couvert d'une cuirasse de fer, enivré de nos libations, il va au milieu des génies dans l'antre où sont enchaînés les nuages, braver le magicien Souchna.

*
* *

« Quand la force divine, augmentée par les offrandes, vient pour ton bonheur s'unir à Indra, comme le soleil à l'aurore, alors le Dieu qui par sa puissance indomptable dissipe les ténèbres, soulève les clameurs de ses ennemis et les précipite violemment dans la poussière.

*
* *

« Lorsque tu veux faire retirer les ondes, et dans chaque partie du ciel restituer à l'air toute sa pureté, alors, puissant Indra, dans ton ivresse qui répand sur nous le bonheur, tu frappes Vritra avec courage, et tu ouvres l'océan des pluies.

*
* *

« C'est ta puissance, ô magnanime Indra, qui donne à la terre les ondes du ciel. Enivré de nos libations, tu fais jaillir l'eau de la mer, et d'une arme lancée de ton bras nerveux, tu atteins Vritra.

***

« J'apporte mon hommage au dieu magnifique, grand, riche, vrai et fort. Telle que le cours de ces torrents qui descendent de la montagne, sa puissance est irrésistible ; il ouvre à tous les êtres le trésor de sa force et de son opulence.

***

« Ah ! sans doute le monde entier se dévoue à ton culte ; les libations coulent en ton honneur non moins abondantes que des rivières, quand on voit ta foudre d'or, nouveauté vaniteuse, s'attacher sans relâche au corps de Vritra, semblable à une montagne.

***

« Pour ce terrible, pour cet adorable Indra, viens, brillante aurore, qui portes les offrandes du sacrifice : ce dieu est fort, puissant et lumineux, il n'est Indra que pour nous soutenir, comme le cheval est fait pour porter.

***

« O Indra, trésor d'abondance et de louanges, nous

sommes à toi; en toi nous mettons notre confiance. Les hymnes montent vers toi, et nul autre n'en est plus digne. A toi sont nos chants de même que tous les êtres sont à la terre.

***

« Indra, ta force est grande, et nous sommes tes serviteurs : accomplis le vœu de celui qui te chante. Ta force est aussi étendue que le ciel, et cette terre se courbe de frayeur devant ta puissance.

***

« Dieu armé de la foudre, tu déchires avec ton arme les flancs de Vritra, de cette large montagne qui remplit les airs, et les ondes qu'elle retenait, par toi ont retrouvé leur cours; oui, tu possèdes la suprême puissance. »

***

Ce dieu est sans contredit celui qui a été le plus invoqué pendant la période patriarcale de l'Inde, par le sacrificateur, le chantre et le poète qui se résumaient dans le père de famille.

Dans la mythologie védique, que nous publierons prochainement, nous ferons connaître d'une manière complète cette curieuse figure, et les mythes dont elle est sortie.

Chez les poètes de cette époque, les épithètes les plus hyperboliques lui sont prodiguées sans cesse.

On l'appelle :

Gardien des hommes, roi des dieux et des mortels.

Dieu de l'éther, maître souverain de la richesse, protecteur puissant.

Dieu de la foudre qui est sa compagne.

Roi de l'univers, embrassant toute chose, comme la roue embrasse tous ses rayons.

Le puissant par excellence, emplissant le ciel et la terre de sa grandeur, créateur de tout ce qui existe.

Maître des sacrifices, générateur de la prière, dieu des hommes pieux.

Le premier parmi les dieux.

Le premier né.

Celui devant qui le ciel et la terre s'agenouillent.

Directeur du soleil.

Celui qui chasse la nuit pour faire place à l'aurore.

Le gardien des vaches célestes qui produisent l'amrita, nourriture des dieux.

Le dieu dont le char est traîné par mille chevaux.

Le dieu à la couleur d'or, né de la bouche de Pouroucha, celui que l'homme doit préférer à tout, à la richesse, à la puissance, même à son père et à sa mère, car il tient lieu de père et de mère à celui qui l'invoque, et il est le double principe qui féconde tout dans la nature.

Le père de Pracriti, la nature.

Le dieu des pénitents qui se réfugient dans les forêts.

Etc., etc.

La figure de ce dieu domine toute cette époque, la remplit et semble avoir été considérée comme l'émanation directe de la pure Essence, dont tous les autres dieux n'étaient que les serviteurs. Les stances suivantes d'une hymne de Bharadwadja, de la même époque :

« Je chante cet Indra dont la force est triomphante, qui toujours vainqueur, ne peut jamais être vaincu, et que tout le monde invoque. Par tes hymnes relève la grandeur de ce dieu indomptable, terrible et persévérant, de ce bienfaiteur des hommes.

***

« La grandeur de ce dieu libéral et fort, victorieux, brille au ciel et sur la terre. Il n'a point d'ennemi qui lui soit égal, il n'y a point de dieu qui lui soit supérieur, il possède toute force et toute sagesse.

***

« O dieu le plus sage d'entre les sages, tous les Dévas te célèbrent avec transport pour ta victoire remportée sur Vritra, quand pour prix de leurs hymnes tu envoies la richesse de la pluie à la race souffrante de tes serviteurs.

***

« O Indra, le ciel et la terre et tous les dieux immortels reconnaissent ta puissance ; ô Dieu, accoutumé à créer des choses admirables, fais ce que tu n'as pas encore fait, inspire-nous des sacrifices qui n'aient pas encore été accomplis sur la terre, inspire-nous des chants qui n'aient pas encore été chantés. »

***

Une histoire d'Indra et de toutes les légendes auxquelles ce dieu a donné naissance serait certainement l'histoire la plus complète que l'on pourrait faire des croyances védiques.

CHAPITRE XXV

LE VISCHNOU DU MANAVA

Nous avons vu Vischnou, naître du mythe trinitaire et faire partie de la triade brahmanique.

Brahma,
Vischnou,
Siva,

représentant, dans le culte vulgaire, la triade initiale

Nara,
Nari,
Viradj.

Mais ce dieu de la décadence n'existe pas dans Manou comme faisant partie de la triade. Dans tout l'ouvrage de ce législateur, il n'est nommé qu'une seule fois, dans les slocas suivants et sans aucune explication.

« Que le brahme réunissant toute son attention innée dans l'âme divine, toutes choses visibles et invisibles, car en considérant tout dans l'âme, il ne livre pas son esprit à l'iniquité.

***

« L'âme est l'assemblage des dieux; l'univers repose dans l'âme suprême; c'est l'âme qui produit la série des actes accomplis par les êtres animés.

***

« Que le brahme contemple par le secours de la méditation l'éther subtil, dans les cavités de son corps, l'air dans son action musculaire, et dans les nerfs du toucher, la suprême lumière du feu et du soleil dans sa chaleur digestive et dans ses organes visuels; l'eau dans les fluides de son corps, la terre dans ses membres.

***

« La lune dans son cœur, les génies des huit régions dans son organe de l'ouïe; *Vischnou dans sa marche;* Hora dans sa force musculaire, A:ni dans sa parole, Mitra dans sa faculté méritoire, Pradjàpati dans son pouvoir procréateur. »

***

Il est clair que Vischnou n'est qu'un dieu secondaire. Manou a sans doute voulu parler du douzième Adityas qui porte ce nom.

Les Adityas sont les dieux qui président à chaque mois de l'année, ce sont des personnifications distinctes du soleil. Dans les *Pouranas*, poème de la décadence, Vischnou, qui est alors la dernière personne de la triade et le conservateur de tout ce qui existe, est considéré comme le plus puissant des dieux, supérieur même à Brahma pour les mortels, en ce sens qu'il est le dieu le plus écouté du maître des dieux.

CHAPITRE XXVI

LE VISCHNOU VÉDIQUE

Dans le *Rig-Veda* Vischnou est nommé une dizaine de fois et possède quatre hymnes en son honneur; nous allons en citer un qui démontre que déjà dans ces temps reculés ses adorateurs lui accordaient une grande puissance.

« Le mortel qui désire les bienfaits de l'illustre Vischnou, s'il le sert, doit compter sur sa munificence; que ce dieu, ami des hommes, soit honoré par tous ceux qui prient.

***

« O Vischnou, toi qui exauces nos vœux, montre-nous cette bonté qui s'étend sur tous les êtres, cette bienveillance que rien ne peut distraire, comble-nous de tes dons, envoie-nous des chevaux à la course rapide, dispense-nous les biens les plus somptueux et les troupeaux les plus riches.

***

« Ce dieu a mesuré en trois jours, dans sa grandeur, ce monde brillant de cent rayons. Que Vischnou soit célébré comme le plus rapide des êtres, mais sa gloire est aussi dans sa brillante solidité.

***

« Vischnou a parcouru cette terre avec la pensée de la donner aux hommes, enfants de Manou, les sages et les peuples dévoués à ce dieu jouissent d'un bonheur assuré. Il leur a fait une large habitation et une belle existence.

***

« Rayonnant Vischnou, je chante ta gloire aujourd'hui, moi qui suis maître dans ta science sacrée. Faible, je célèbre un dieu fort tel que toi qui habites loin de notre monde.

*
* *

« O Vischnou, pourquoi quitter ta forme sous laquelle tu t'es écrié : « Je suis rayonnant. » Ne nous cache pas cette beauté que nous avons admirée quand tu es venu parmi nous.

*
* *

« Ma bouche te présente cette offrande de louanges, ô Vischnou, dieu rayonnant. Accueille mon holocauste, que mes hymnes, que mes chants ajoutent à ta grandeur. Et vous, secondez-nous toujours de vos bénédictions. »

*
* *

Voici quelques strophes d'un autre hymne de Dirghatamas, de l'époque védique également, qui montre que déjà l'élévation de Vischnou au rang de première personne de la triade se faisait pressentir.

« Reçois-nous comme un ami heureux de nos libations de beurre, magnifique, accessible et généreux. C'est ainsi, ô Vischnou, que ta louange sera célébrée par le sage et que le riche offrira l'holocauste en ton honneur.

***

« L'homme qui honore Vischnou *antique* et *nouveau*, qui embrase tout et qui naît pour le bonheur du monde, qui chante la grande naissance du grand dieu, obtient certainement l'abondance.

***

« Chantres éclairés, célébrez l'*avènement* de ce dieu antique, enfant du sacrifice, et reconnaissant sa puissance, dites : O Vischnou, tu es grand et nous implorons ta bonté.

***

« Que le royal Varouna, que les Aswins prennent leur part du sacrifice offert à Vischnou, qui soutient tout, et que les Marouts accompagnent. Vischnou a développé la force suprême qui fait briller le jour, et uni aux Marouts, ses amis, il a ouvert le pâturage céleste.

***

« Que le divin Vischnou, *plus puissant* que le puissant Indra, daigne se joindre à lui, que le dieu sage qui siège en trois stations se plaise à notre sacrifice et permette à l'Arya. »

*
* *

Nous sommes certainement en présence de la modification mythologique qui a fait de Vischnou un des trois dieux de la triade brahmanique. Les expressions suivantes de l'hymne védique semblent suffisamment l'indiquer.

« Chantres éclairés, célébrez l'avènement de ce dieu antique, célébrez l'avènement de ce dieu nouveau... Que le divin Vischnou, plus puissant qu'Indra, etc. »

Ces hymnes ont dû être introduits dans le rituel sacré par les brahmes ; au moment où la dévotion à Vischnou s'était répandue dans le populaire, il était nécessaire d'assigner au dieu une place plus élevée dans l'Olympe.

En cet état, du reste, Vischnou allait jouer un rôle important, celui de directeur de l'humanité, qu'il va venir éclairer et sauver dans de nombreuses avataras ou incarnations.

CHAPITRE XXVII

LES AVATARAS

Swayambouvha, l'être mystérieux, le principe des principes, le type de tout ce qui existe, qui ne peut être ni perçu par l'intelligence, ni perçu par les sens, se manifeste, prend une forme dans la triade primitive.

Nara,
Nari,
Viradj,

pour créer l'univers ; c'est ce que les brahmes appellent l'incarnation céleste dans l'Ether.

Donc Dieu s'incarne pour créer et faire émaner tous les êtres de sa propre substance. La triade, c'est donc Dieu manifesté dans l'infini.

A son tour la triade procède de même, et elle se manifeste sur la terre en prenant une forme visible, chaque fois que cela est utile pour l'accomplissement de leur mission dans l'univers.

Après la création, Brahma, directeur souverain, resté au repos, surveillant pour ainsi dire l'ensemble de l'œuvre, dans les innombrables poèmes religieux de l'Inde. C'est à peine si on le voit apparaître quatre ou cinq fois à des pénitents célèbres, qui à force d'austérités ont obtenu que le dieu se manifestât à eux.

Mais il n'en est pas de même de Vischnou et de Siva, qui doivent leur appui constant à la création. Siva n'accomplit jamais de vie terrestre ; il apparaît inopinément quand il juge sa présence nécessaire. Mais Vischnou s'incarne sous toutes sortes de formes, et si quelquefois il apparaît comme Siva, à ses adorateurs, le plus souvent, il vient sur la terre sous forme humaine. Les incarnations de ce dieu sont au nombre de onze. Nous allons les donner dans la forme et l'ordre où elles se sont produites.

CHAPITRE XXVIII

MATSIA-AVATARA

Le Matsia-Avatara est l'incarnation de Vischnou en poisson.

Sous cette forme, lors du déluge universel dont la tradition est purement indoue, Vischnou est venu sauver les Védas ou Écriture sacrée qui allaient disparaître sous les eaux.

De plus il a dirigé sur les flots l'arche de Vaivaswata, qui fut ainsi préservée de la destruction avec toute sa famille, un couple de tous les animaux existants et des semences de toutes les plantes que le patriarche avait recueillies par ordre des dieux.

Les Chaldéens ont la même tradition : c'est le puissant Oan qui, lors du déluge, sauva leurs traditions et enseigna le principe des arts à ceux qui furent sauvés.

CHAPITRE XXIX

LE VARAHA-AVATARA

Le Varaha-Avatara est l'incarnation de Vischnou en sanglier.

Les exploits que les poètes indous prêtent au dieu sous cette forme sont innombrables. Le haut fait qui est le plus caractéristique de cette incarnation, puisqu'il fut la cause de sa venue sur la terre, est un combat singulier avec des milliers d'énormes serpents qui couvraient la terre et menaçaient de la rendre inhabitable.

Après une lutte qui dura de longues années, Vischnou parvint à les détruire tous ; c'est au souvenir de ce fait que le serpent lui est dédié.

CHAPITRE XXX

LE COURMA-AVATARA

Le Courma-Avatara est l'incarnation de Vischnou en tortue.

C'est sous cette forme que le dieu est venu remettre sur sa base la terre, ébranlée par les batailles que se livraient les géants, et ce haut fait accompli, il se dépouilla de la forme qu'il avait prise et fit passer l'âme d'un des géants dans cette tortue, en la condamnant à supporter le monde sur son dos jusqu'au retour du prochain pralaya.

CHAPITRE XXXI

LE NARA-SINHA-AVATARA

Le Nara-Sinha-Avatara est l'incarnation de Vischnou en héros, moitié homme, moitié lion. Ainsi manifesté, Vischnou est venu livrer de terribles combats à cette race de géants qui infestaient la terre et que la précédente incarnation n'avait point suffisamment mis à la raison, et il finit par les détruire tous. On raconte que ces géants, ayant entassé montagnes sur montagnes pour envahir le ciel, d'un seul coup de pied Vischnou anéantit la base de la pyramide, et les géants, renversés, furent écrasés sous les blocs de rochers qui s'écroulèrent sur eux.

CHAPITRE XXXII

LE BAMA-AVATARA

Le Bama-Avatara est l'incarnation de Vischnou dans la personne d'un brahme nain du nom de Bama.

Sous cette forme le dieu vint sur la terre lutter contre les doctrines hérétiques qui commençaient à se glisser dans la croyance des peuples, et il rappela les hommes à la véritable loi védique. Il n'eut pas de peine à accomplir son œuvre, car l'humanité était encore simple et bonne, le mal n'avait pas encore envahi la terre. Comme toutes les autres incarnations, il se signala en outre par des prodiges, des miracles et des hauts faits qui tiennent de la légende.

CHAPITRE XXXIII

LE PARASSU-RAMA-AVATARA

Le Parassu-Rama-Avatara est l'incarnation de Vischnou dans la personne du brahme Parassu-Rama.

Le but de sa mission fut le même que celui de Rama, mais il se trouva en face de résistances qu'il dut vaincre par les armes, et on le représente sous les traits d'un guerrier fameux, qui soumit tout l'Indoustan et ensuite toute la terre à l'autorité des brahmes.

Il fut en outre un penseur et un sage.

On lui attribue les maximes suivantes :

« Le sage montre un visage égal dans l'adversité et la prospérité ; il ne se laisse ni abattre par l'une ni enorgueillir par l'autre.

***

« Le meilleur remède à toutes les souffrances, à tous les maux, à tous les chagrins, c'est la vertu.

***

« Le soleil est la lumière du jour, la lune la lumière de la nuit, les enfants vertueux sont la lumière des familles.

***

« Dans les afflictions, la misère et l'adversité, on reconnaît ses véritables amis.

***

« On connaît l'homme courageux dans le danger, et sa femme dans le malheur.

***

« Craignez le courant d'une rivière, les griffes des bêtes fauves et la reconnaissance des rois. »

CHAPITRE XXXIV

LE RAMA-AVATARA

Le Rama-Avatara est l'incarnation de Vischnou dans la personne de Rama, roi d'Aodya (Aoude).

Ce prince continue la série des héros, sages, rois et demi-dieux que les brahmes ont élevés au rang des dieux et à la dignité plus élevée encore de dieu incarné, parce qu'ils ont été les protecteurs des prêtres et en même temps les esclaves et fidèles exécuteurs de leurs volontés.

L'Inde entière était soumise, seule l'île de Lanka avait résisté au joug brahmanique, protégée par son éloignement et l'Océan, qui lui faisait comme un rempart naturel de ses eaux ; Rama fut chargé de la conquête. L'enlèvement de sa femme en fut, dit-on, le prétexte.

Cette guerre lointaine dura plus de vingt années ; lorsque Rama revint dans Asgartha, sa capitale, après avoir soumis la grande île et tué Ravana, roi du pays, de sa propre main; vieilli par les fatigues sans nombre qu'il avait supportées, il n'aspirait plus qu'au repos. Il fut jusqu'à la fin de sa vie un instrument docile entre les mains des brahmes, qui naguère redoutaient son audace. On avait envoyé le jeune tigre user ses griffes contre les rochers de Lanka, et il était revenu vieilli, fatigué, obéissant. A aucune époque, les brahmes ne furent plus puissants; il récompensèrent Rama en le représentant comme une incarnation de Vischnou.

Rama fut le héros du vieux poème sanscrit, *le Ramayana*.

Je reviendrai bientôt sur la légende vulgaire qui s'est formée autour de cette curieuse figure.

CHAPITRE XXXV

LE BALA-RAMA-AVATARA

Le Bala-Rama-Avatara est l'incarnation de Vischnou dans la personne de Bala-Rama, roi d'Aodya également.

Ce personnage mythologique paraît être un chef énergique au service des brahmes-prêtres, dont ils se sont servis pour contenir l'esprit de révolte qui menaçait à tout moment d'envahir et de dissoudre la société théocratique qu'ils avaient fondée.

Quoiqu'ils eussent pris d'avance toutes les précautions possibles pour supprimer toute possibilité de soulèvement contre leur autorité de la part des masses, ils ne purent se prémunir contre les luttes d'ambition et d'orgueil qui devaient tôt ou tard diviser leurs chefs et leurs gouverneurs de provinces.

Si les masses étaient calmes, obéissantes, serviles, il n'en était pas de même des castes brahmes et xchatrias, rois et prêtres, qui toutes deux dans une position égale de puissance et de richesses, n'étaient occupés les brahmes qu'à maintenir les xchatrias sous leur domination, les xchatrias qu'à se soustraire à l'autorité des brahmes. La plupart des commandements de provinces étaient devenus héréditaires : ce fut la grande faute des brahmes, ils venaient d'élever en face d'eux une puissance qui devait plus tard éclipser la leur.

Bala-Rama, qu'on nous représente comme une incarnation de Vischnou, parvint à noyer dans des flots de sang les premiers soulèvements des rajahs pour se rendre indépendants, et il les força à subir de nouveau le joug théocratique.

CHAPITRE XXXVI

LE BOUDDAH-AVATARA

Le Bouddah-Avatara est l'incarnation de Vischnou dans la personne de Bouddah.

On connaît ce réformateur qui est venu prêcher l'abolition des castes, l'égalité des hommes sur la terre et dans le ciel. Les brahmes, après avoir éteint dans le sang et dans le feu des bûchers cette tentative de réforme, à ce point qu'on ne trouverait pas un seul bouddhiste dans l'Inde entière, jugèrent à propos d'escamoter Bouddah pour mieux le détruire, et ils l'ont élevé à la dignité d'incarnation de Vischnou dans leur Panthéon. Seulement ils ne lui rendent aucun honneur et aiment peu, même encore aujourd'hui, parler de cet avatar.

Les prêtres du culte vulgaire, qui ne sont pas plus

génés pour l'histoire que les nôtres, ont même inventé une fable des plus singulières pour inspirer au menu peuple des castes infimes une sainte horreur de Bouddah.

Ils prétendent que Bouddah n'est pas encore venu sur la terre, qu'à son apparition il viendra prêcher l'athéisme aux hommes, jettera même les dieux dans l'erreur. On verra dans ces temps malheureux les soudras porter des habits rouges, couleur réservée aux brahmes, apprendre la science et même les Védas, les prêtres ne rempliront plus leurs devoirs, les enfants n'obéiront plus à leurs parents, les peuples aux rois, les rois eux-mêmes imiteront par leur conduite ce qu'il y a de plus vil et de plus méprisable parmi les hommes, la terre elle-même se ressentira de ce désordre universel. Ce sera le commencement de la fin du monde.

CHAPITRE XXXVII

LE KALKI-AVATARA

Il y a deux versions sur cet avatara : je les donne toutes deux.

Le Kalki-Avatara n'a pas encore eu lieu. Les deux traditions sont d'accord sur ce point.

D'après certains brahmes des Agrharas du nord, Vischnou viendra sur la terre pour mettre fin à la période du mal qui a commencé avec le Kaly-youya ou âge du mal.

Il paraîtra sous la forme d'un cheval, il sera de taille gigantesque, il aura pour arme une hache d'une grandeur extraordinaire ; sa voix ressemblera au bruit du tonnerre ; ses cris répandront partout la terreur ; voyant que son père et sa mère ne sont que des pécheurs comme le commun des mortels, il les immolera aussi à sa vengeance. Après cela naîtra un nouvel âge, où la vertu seule et le bonheur règneront sur la terre.

Les brahmes du sud prétendent, au contraire, que Vischnou reviendra sur la terre pour combattre le cheval Kalki et sauver le monde. C'est la lutte perpétuelle du bien et du mal, qui forme le fond de toutes les religions, aussi bien des modernes que de celles de l'antiquité.

Il y a dans tout cela un parfum de cheval de l'Apocalypse, qui nous montre que celui du Nouveau Testament pourrait bien venir de la même tradition.

CHAPITRE XXXVIII

CHRISTNA-AVATARA

Le Christna-Avatara est l'incarnation de Vischnou dans la personne de Christna. Nous avons suffisamment étudié cette légende dans nos deux ouvrages : *la Bible dans l'Inde* et *Christna et le Christ*, pour n'avoir pas à y revenir longuement ici. Nous nous bornerons à rappeler les principaux événements de sa vie d'une façon très sommaire et à indiquer l'esprit de sa doctrine.

Christna est né de la vierge Devanaguy ou Devaky, deux noms qui signifient créé par Dieu.

Kansa, tyran de Madura, oncle de la jeune vierge, ayant vu en songe qu'il serait détrôné par l'enfant que sa nièce portait dans son sein, la fit enfermer dans une tour ; mais la nuit même de son accouchement, la jeune mère fut délivrée par un ange, et elle s'enfuit avec l'enfant divin chez un berger du nom de Nanda.

Kansa, furieux, pour atteindre plus sûrement sa victime, ordonna le massacre de tous les enfants nés la même nuit que Christna ; les soldats arrivèrent dans la bergerie de Nanda et déjà Devanaguy croyait son fils perdu lorsque l'enfant, s'échappant des bras de sa mère, grandit subitement de façon à atteindre la taille d'un enfant de sept ans, et se mit à jouer avec les bergers. Les soldats passèrent sans se douter de rien.

Christna commença à prêcher dès l'âge de onze ans; il s'entoura de disciples et parcourut tout l'Indoustan, prêchant la morale la plus pure que le monde ait encore encore entendue. Pour affirmers a mission, il frappait les yeux par les prodiges les plus singuliers, ressuscitait les morts, rendait l'ouïe aux sourds, la vue aux aveugles, chassait les démons, marchait sur les eaux et entraînait d'immenses foules de peuples à sa suite.

Il finit par mourir victime de la vengeance des prêtres dont il avait signalé la corruption.

Il fut percé de flèches et cloué contre un arbre... Après avoir donné ce suprême exemple aux hommes de mourir pour le bien, il s'éleva au ciel dans un nuage d'or.

CHAPITRE XXXIX

UNE LÉGENDE DE RAMA

Ce n'est qu'à titre d'exception que je puis parfois m'arrêter dans cette course à travers la mythologie indoue et signaler quelques-uns des innombrables épisodes de la vie des dieux et des héros qui peuplent le Panthéon brahmanique.

Voici une des légendes de l'incarnation de Vischnou en Rama, qui sert à exercer la mémoire des jeunes enfants dans le sud de l'Indoustan :

« Rama ou Vischnou incarné sous ce nom eut pour père Datcharada, roi d'Aodya, et pour mère Kohoulia.

Il passa les premières années de sa vie dans les bois, sous la conduite du pénitent Gautama.

Ce fut là que, ayant touché par mégarde avec son

pied la déesse Ohalia, qui avait été changée en pierre par la malédiction d'un pénitent, il lui rendit la vie et sa forme première.

Il alla ensuite à la cour de Djamandagny, roi de Militta; ce prince, témoin de plusieurs de ses promesses, lui proposa de tendre l'arc de Siva, ce qu'aucun roi de la terre n'avait été jusqu'alors capable d'exécuter.

Rama en vint aisément à bout, et Sita, fille du roi de Militta, fut la récompense de cet exploit.

Avant que ce mariage n'eût lieu, un géant jaloux de lui, envoya deux énormes serpents pour le dévorer; mais Rama les tua tous les deux. Il eut encore à exécuter une foule d'exploits que lui suscitèrent les magiciens, ses ennemis. Voici les plus célèbres :

Il étouffa un lion entre ses bras;

Lutta contre une armée de centaures qui avaient envahi les Etats de son beau-père ;

Dompta le taureau Doutcha qui était la terreur de la terre et le rendit aussi doux qu'un mouton;

Tua, dans un marécage, un monstre à tête de femme qui assouvissait sa rage sur tous les voyageurs;

Détourna de son cours le Brahmapoutre et força ce fleuve à venir rendre hommage au Gange, le fleuve sacré. C'est depuis cette époque que les deux grands cours mêlent leurs flots avant de se jeter dans l'Océan.

Il combattit l'éléphant furieux Nichdala, dont la peau était d'airain et les défenses d'or; l'animal fut obligé de s'agenouiller devant son vainqueur.

Ces exploits accomplis, il put enfin épouser la jeune et belle Sita.

Mais là ne se bornèrent pas les exploits du dieu; un volume ne suffirait pas à les dénombrer si je voulais simplement indiquer tous ceux que lui prêtent les vieux poèmes sanscrits, qui ne tarissent pas sur ce sujet.

Le mariage de Rama était à peine célébré que son père le rappela auprès de lui pour lui livrer les rênes de l'empire.

De retour à la maison paternelle, un jour qu'il s'amusait à tirer des flèches, il en décocha une avec tant de force que le bruit qu'elle produisit en partant fit avorter la femme d'un brahme qui était présente.

Le mari, transporté de colère, appela à son secours les plus terribles conjurations magiques et les accomplit en prononçant les paroles suivantes :

« Que Rama ne possède jamais que les connaissances départies au commun des mortels. »

Cette malédiction eut son effet, et il cessa de posséder les lumières inhérentes à la divinité.

Quelque temps après cet événement, Kochitchy, quatrième femme de Datcharada, son père, désirant ardemment obtenir la couronne pour son fils, alla trouver Rama et le conjura avec les plus vives instances de la lui céder.

Rama, qui songeait à mener la vie contemplative y consentit.

Après avoir abdiqué l'empire, il se retira dans les forêts, accompagné de son frère Latchoumana, et de sa femme Sita.

Un jour qu'il s'était écarté dans les bois, Latchoumana coupa les oreilles à Sourpana, sœur du géant à dix têtes Ravana, roi de Lanka (île de Ceylan).

Ce monarque, indigné de l'insulte faite à sa sœur, s'en vengea en enlevant Sita, femme de Rama.

Ce dernier, de retour à son ermitage, instruit du malheur qui lui était survenu en son absence, fut pénétré de la plus vive douleur et ne pensa plus qu'aux moyens de retirer sa chère Sita des mains de son ravisseur.

Pour mieux réussir dans son dessein, il remonta d'abord sur son trône et songea à se faire des alliés.

En premier lieu, il contracta amitié avec Sangriva, roi des singes, auquel il rendit de grands services en l'aidant à faire périr Baly, son frère, qui lui avait longtemps disputé l'empire et qui en était alors en possession.

Rama, impatient d'avoir des nouvelles de sa femme, projeta d'envoyer sans plus de délai quelqu'un à Lanka, pour y prendre des informations.

L'entreprise n'était pas facile attendu qu'il y avait un bras de mer à traverser.

L'agilité héréditaire d'Annouma, fils du Vent et généralissime de l'armée des singes, que Sangriva avait envoyé au secours de son allié Rama, paraissait le rendre plus propre que tout autre à une pareille ambassade, aussi en fut-il chargé. Il se mit en route, traversa le détroit en marchant à pied sec sur la surface des eaux et arriva à Ceylan.

Après bien des recherches inutiles, le général des

singes découvrit enfin un jour Sita dans un lieu solitaire.

Sita, assise sous un arbre touffu, plongée dans la plus profonde affliction, arrosant la terre de ses larmes et poussant des sanglots qu'elle interrompait de temps en temps pour maudire son triste sort, accabler Ravana de malédictions et exprimer les regrets cuisants qu'elle ressentait d'être séparée de son cher Rama, auquel elle jurait une fidélité à toute épreuve, quels que fussent les efforts que son perfide ravisseur pourrait tenter pour la séduire.

Annouma s'empressa d'aller porter à Rama la nouvelle de tout ce qu'il avait vu et entendu.

Rama conçut à l'instant le projet de construire une digue sur le bras de mer pour frayer un passage à son armée.

Le singe Annouma, chargé encore de cette entreprise, se mit à déraciner les montagnes et les rochers : il portait chaque fois autant de pierres qu'il avait de poils sur le corps, et les amoncelant les unes sur les autres, il eut bientôt achevé la besogne et uni l'île de Lanka au continent.

Cependant Rama, avec son armée de singes, ne se trouvant pas assez fort pour aller attaquer son formidable ennemi, forma une nouvelle armée, composée d'ours, et avec ce renfort il se disposa à traverser le bras de mer.

Avant de se mettre en marche, il plaça un linguam sur la digue et il lui offrit un sacrifice solennel ; se tournant alors vers son armée d'ours et de singes, il les harangua en ces termes :

« Braves soldats, ne vous laissez pas effrayer par le nom des géants que vous allez combattre; leur force leur devient inutile dès que les dieux ne sont pas de leur côté.

« Avançons donc sans crainte et sans délai. Nous marchons à une victoire certaine, puisque nous allons combattre les ennemis des dieux. »

A ces mots toute l'armée s'ébranle, traverse le détroit et pénètre dans Lanka, livre une quantité innombrable de combats aux géants, à la tête desquels se trouve Ravana, et après avoir éprouvé pendant vingt jours les vicissitudes de la fortune par des victoires et des défaites, Rama finit enfin par avoir le dessus.

Ravana fut vaincu et tué, et Sita, cause de cette terrible guerre, fut délivrée et ramenée en triomphe à Aodya, sa patrie.

En quittant Lanka, Rama plaça sur le trône vacant de l'île, Bivichana, frère aîné de Ravana, en reconnaissance des services qu'il avait reçus de lui pendant la guerre, et il lui dit en le quittant qu'il porterait la couronne aussi longtemps que subsisterait le nom de Rama, par lui, ses fils, ses petits-fils et ses descendants jusque dans la postérité la plus reculée.

Quelque temps après son retour dans la capitale d'Aodya, Rama étant, selon sa coutume, sorti de nuit de son palais, pour connaître secrètement ce qui se passait dans la ville, il entendit dans un coin de rue un blanchisseur qui se querellait vivement avec sa femme sur la fidélité de laquelle il paraissait avoir conçu de forts soupçons.

Dans sa colère, il voulait la chasser de sa maison, et il lui disait qu'il n'était pas homme à garder, comme le faisait leur roi Rama, une femme qui avait été au pouvoir d'un autre.

Ces dernières paroles furent un coup de foudre pour Rama, qui, pénétré de dépit et de douleur, retourna chez lui. Il fit appeler Latchoumana, son frère, lui fit part de ce qu'il venait d'entendre et lui ordonna de s'emparer de Sita, de la conduire au loin dans la forêt et de la faire mourir.

Latchoumana se mit aussitôt en devoir d'exécuter les ordres de son frère. Cependant Sita était enceinte, et même déjà assez avancée dans sa grossesse, il eut horreur de l'immoler en cet état et résolut de lui sauver la vie.

Mais quel stratagème inventera-t-il pour persuader à Rama que le forfait qu'il lui a commandé a été accompli.

Dans la forêt où Sita avait été conduite par lui, il se trouvait plusieurs de ces arbres qui, lorsqu'on entame leur écorce, répandent un suc couleur de sang.

Latchoumana tend son arc, prend la flèche qu'il avait destinée à percer le cœur de Sita, la décoche contre un de ces arbres, la teint dans le suc qui en découle et abandonne Sita à son malheureux sort.

Il va annoncer ensuite à Rama que sa vengeance est satisfaite, et pour preuve il lui montre la flèche teinte, dit-il, du sang de Sita.

C'est depuis cette époque, et en mémoire de cet événement, que le dernier jour de la fête militaire du dassara, les princes vont tirer avec pompe des flèches en rase campagne.

Seule et délaissée dans ce lieu sauvage, la pauvre Sita fit éclater son désespoir en poussant des cris lamentables et en versant un torrent de larmes.

Non loin de là, le pénitent Vasichta avait établi son domicile. Surpris des accents plaintifs et des gémissements qui frappent son oreille, il s'approche de Sita, lui demande qui elle est et ce qui cause son affliction.

L'infortunée, interrompant ses sanglots et prenant un air plein de dignité qui remplit le pénitent d'une crainte respectueuse, lui répondit en ces termes :

« Je suis Sita, j'ai eu le roi Sonatta pour père, la terre pour mère et Rama pour époux. »

A ces mots, le pénitent, pénétré des sentiments de la plus profonde vénération, se prosterna devant la déesse, puis s'étant relevée et joignant les mains, il lui dit :

« Illustre déesse, pourquoi vous livrer ainsi à la douleur et au désespoir? avez-vous donc oublié que vous êtes la reine et la maîtresse du monde, et que c'est de vous que dépend le sort de toutes les créatures? »

Il lui adressa encore quelques paroles de consolation et la conduisit à son ermitage, où il lui offrit le sacrifice.

Peu de jours après Sita accoucha de deux jumeaux que le pénitent Vasichta éleva avec autant de soin que s'ils eussent été ses propres enfants.

Sur ces entrefaites, Rama ayant résolu de faire le grand sacrifice de l'ekiam, lâcha le cheval qui devait y servir de victime ; cet animal, après avoir parcouru beaucoup de pays, vint à l'endroit où vivaient les deux fils de Sita, et ceux-ci, pleins de force et de courage quoiqu'ils ne fussent encore âgés que de cinq ans, allèrent au-devant de lui et l'arrêtèrent.

Rama fit demander son cheval, mais on refusa de le lui livrer, et à ses menaces on lui répondit :

« Viens le prendre ! »

Le singe Annouma, général des armées de Rama, fut envoyé avec une armée considérable pour combattre ces ennemis inconnus, et recouvra le cheval, mais il fut vaincu par eux, et obligé de chercher son salut dans la fuite.

A la nouvelle de ce désastre Rama se mit lui-même à la tête de toutes ses troupes, et vint en personne attaquer les vainqueurs. Mais il fut vaincu à son tour par les fils de Sita et taillé en pièces avec ses soldats, sans qu'il en réchappât un seul.

Vasichta, instruit de cet événement, se rendit sur le champ de bataille, qu'il trouva effectivement jonché de morts.

Touché de compassion, il prononça sur eux les

mentrams qui donnent la vie et les ressuscita tous.

Rama retourna chez lui, mais il persista dans son dessein d'accomplir le grand sacrifice de l'ekiam auquel il invita tous les rois voisins, et tous les plus illustres brahmes du pays.

Mais ces derniers, consultés sur les moyens de faire réussir le sacrifice, répondirent qu'il n'aurait aucun succès, à moins que sa femme ne fût auprès de lui.

Après beaucoup de difficultés Rama consentit enfin à la rappeler, et lui fit en apparence un bon accueil.

En conséquence, le sacrifice du cheval réussit parfaitement. Rama voulut alors répudier de nouveau sa femme, et la renvoyer dans les bois. Mais tous les rois présents intercédèrent en sa faveur. Rama ne céda à leurs instances qu'à condition qu'elle prouverait, en se soumettant à l'épreuve du feu, que sa vertu n'avait subi aucune atteinte.

Sita, fière de son innocence, sortit avec honneur de cette épreuve, et de plusieurs autres non moins dangereuses; et malgré cela, elle ne put guérir son mari de ses odieux soupçons et de son injuste jalousie.

Accablée enfin de confusion et de honte, elle versa un torrent de larmes; et, dans l'excès de son désespoir, elle adressa à sa mère la prière suivante :

« O Terre, toi dont je tiens l'existence, justifie-moi, en ce jour, aux yeux de l'univers, et s'il est vrai que je n'aie jamais cessé d'être une femme vertueuse, rends un témoignage authentique à ma chasteté, en t'ouvrant sous mes pieds et en m'engloutissant. »

Elle n'eut pas plus tôt proféré ces paroles que la Terre, exauçant ses vœux, l'ensevelit vivante dans son sein.

Rama, dévoré par le chagrin et les remords, tarda peu à suivre son épouse. Ayant partagé son royaume entre ses deux fils, il se retira sur les bords du Gange : là il vécut quelque temps dans la retraite et la pénitence, puis termina sa carrière mortelle.

On doit comprendre maintenant pourquoi nous avons tenu à donner dans son entier ce vieux conte brahmanique, à lui seul, signe ethnographique bien important, il réunit les trois légendes d'Hercule, du siège de Troie, et de Geneviève de Brabant.

Ces trois légendes, qu'on retrouve du reste cent fois répétées dans les poèmes indous, sont un écho transporté par les émigrants sur les terres nouvelles qu'ils allaient coloniser, comme un souvenir de la vieille mère patrie.

CHAPITRE XL

AGNI, DIEU DU FEU

Agni, dieu du feu, est un de plus grands dieux du deuxième degré ; il est un des régents des huit points cardinaux,celui du sud-ouest, il n'est cependant nommé que deux fois dans Manou, dans les slocas suivants :

« Le maître de maison peut convier un brahme à celle des cinq oblations qui est en l'honneur des Mânes, mais il n'en doit admettre aucun à celle qui est adressée à tous les dieux.

***

« Après avoir préparé la nourriture destinée à être

offerte à tous les dieux, que le dwidja fasse tous les jours le feu domestique, l'oblation aux divinités suivantes avec les cérémonies d'usage.

***

« D'abord à *Agni* et à Rama séparément, puis aux deux ensemble, ensuite aux dieux assemblés (Viswas-Devas) et à Dhauwanteri. »

(MANOU, livre III.)

***

« Qui pourrait ne pas être détruit après avoir excité la colère de ceux qui ont créé, par le pouvoir de leurs imprécations, le feu, qui dévore tout, l'Océan, avec ses eaux amères, et la lune dont la lumière s'éteint et se ranime tour à tour ? »

(MANOU, livre IX.)

***

Agni, comme tous les dieux du Panthéon brahmanique, accomplit les exploits les plus merveilleux : il est le feu, il est le soleil, il est la lumière, la prière et la gloire sous toutes ces formes, il protège les mortels ; ce type si brillant à l'époque védique passa dans un rang inférieur à l'avènement de la triade brahmanique.

CHAPITRE XLI

AGNI DANS LA PÉRIODE VÉDIQUE

Agni partage, avec Indra, Mitra et Varouna, l'admiration des Indous pendant la période védique.

« L'esprit divin qui circule au ciel, a dit le Véda, on l'appelle Agni, Indra, Mitra et Varouna. »

Il réunit dans l'Écriture sacrée les noms de :

Dieu du feu, roi, prêtre et pontife.

Messager du Dieu suprême, toujours jeune, toujours beau, Dieu avec mille yeux.

Dieu enfanté par la Nuit et l'Aurore, et à son tour il reproduit ses propres mères.

Dieu qui transmet au maître suprême l'offrande des mortels.

Grand pacificateur, deux fois né.

Celui qui est nourri par trois déesses : la Nuit, l'Aurore et le Jour, etc.

Enfin le *Rig-Véda* débute ainsi par un hymne à Agni :

« Je chante Agni, le dieu prêtre et pontife, le magnifique Agni, héraut du sacrifice.

*
* *

« Qu'Agni, digne d'être chanté par les Richis anciens et nouveaux, rassemble ici tous les dieux.

*
* *

« Que par Agni, l'homme obtienne une fortune croissante et glorieuse, soutenue par une nombreuse lignée.

*
* *

« Agni, l'offrande pure que tu enveloppes de toutes parts s'élève jusqu'aux dieux.

*
* *

« Qu'avec les autres dieux, vienne vers nous Agni,

le dieu sacrificateur, qui joint à la sagesse des œuvres la vérité et l'éclat si varié de la gloire.

*
* *

« Agni, toi, qui portes le nom d'Angiras, le bien que tu feras à ton serviteur par le fait de sa reconnaissance, tournera à ton avantage.

*
* *

« Agni, chaque jour, soir et matin, nous venons vers toi, t'apportant l'hommage de notre prière.

*
* *

« A toi, gardien brillant de nos offrandes, splendeur du sacrifice, à toi, qui grandis, au sein du foyer que tu habites.

*
* *

« Viens à nous, Agni, avec la bonté qu'un père a pour son enfant, sois notre ami, notre bienfaiteur. »

*
* *

C'est à Agni, comme chef des Angiras, que le poète Gotama s'adresse en ces termes :

« Daigne écouter ces longs hymnes qui font le plaisir des dieux, et que ta bouche ravive nos holocaustes.

***

« O Agni, le plus grand des Angiras, le plus sage d'entre les dieux, nous voulons t'adresser une prière qui te soit chère et agréable.

***

« Parmi les mortels, ô Agni, quel est ton ami, quel est celui qui se recommande par ses sacrifices? Qui es-tu, et en quel endroit t'es-tu retiré?

***

« O Agni, tu es le parent des mortels, tu es leur ami chéri, tu es un compagnon digne des louanges de tes compagnons.

***

« Honore pour nous Mitra et Varouna, honore les

autres dieux par un large sacrifice. O Agni, viens occuper le foyer qui t'est préparé.»

*
* *

Pour beaucoup de poètes védiques, c'est Agni le feu qui a créé et animé tout ce qui existe.

« Quand cet être divin, dit Dirghatamas, a pris un corps pour créer, où était le sang, l'esprit et l'âme de la terre ? »

CHAPITRE XLII

LES ADITYAS, PERSONNIFICATION DES FORMES DU SOLEIL

Sous ce nom, on comprend douze dieux qui président à chacun des mois de l'année. Agni, Indra, Vischnou, dont nous venons de nous occuper, en faisant partie, nous suivons, en donnant cette liste, notre règle d'épuiser tous les mythes qui se rattachent à chaque grand dieu.

Vischnou préside au mois de février.
Indra préside au mois de mars.
Agni préside au mois d'avril.
Twachtri préside au mois de mai.
Vivaswat préside au mois de juin.
Dhâtri préside au mois de juillet.
Savitri préside au mois d'août.
Varouna préside au mois de septembre.

Mitra préside au mois d'octobre.
Aryama préside au mois de novembre.
Anson préside au mois de décembre.
Bhaga préside au mois de janvier.

Le poète Medhatithi leur offre l'oblation sacrée de la manière suivante :

« Agni, la fête est préparée, viens avec tous les dieux goûter de nos libations, et consommer le sacrifice.

*
* *

« Les enfants de Canwa t'appellent, ô sage divinité, ils chantent ta prudence, Agni, viens avec tous les dieux.

*
* *

« Ils chantent aussi Indra et Vayou, Vrihaspati, Mitra, Agni, Pouchan, Bhaya et les marouts, ô Agni, viens avec tous les adityas. »

CHAPITRE XLIII

ADITY, MÈRE DES ADITYAS

Le Panthéon brahmanique comprend plusieurs déesses qui portent ce nom ; celle dont nous nous occupons présentement est Adity, mère des douze adityas, dieux qui, nous venons de le voir, personnifient les douze formes du soleil.

Dans ce sens, la déesse Adity représente l'ensemble de l'univers, organisé et animé, c'est une personnification de la nature entière.

Vrihaspati lui consacre, dans le *Rig*, l'hymne suivant :

« Chantons les naissances des dieux, qui, célébrés par nos hymnes, verront le jour dans l'âge à venir.

*
* *

« Brahmanapati, tel qu'un artiste habile, le forme de son souffle, les dieux existants naissent de ceux qui n'existent plus, et qu'a vus l'âge précédent.

*
* *

« Oui, les dieux existants naissent de ceux qui n'existent plus, et qu'a vus l'âge précédent; ainsi apparaissent à l'horizon les régions célestes, ainsi apparaît Outtanapada.

*
* *

« Ainsi apparaît Outtanapada et la terre, et les régions du ciel. Dakçha naît d'Adity, Adity naît de Dakcha.

*
* *

« O Dakcha, elle est née cette adity, qui est ta fille, et qu'ont mise au monde les devas, tous parents fortunés et immortels.

*
* *

« Elle est née pour la gloire du ciel et de la terre, pour la perpétuité des dieux et des hommes ; elle est née cette adity au gracieux visage, en la voyant les dieux se réjouissent et les hommes espèrent.

*
* *

« Elle est née cette mère universelle, qui étend ses bienfaits sur tout l'univers, comme les ondes célestes arrosent Dieu seul, et toutes les fleurs et toutes les plantes.

*
* *

« Tel que le nuage qui remplit le ciel de son eau, vous avez rempli les mondes de vos rayons, vous avez animé le soleil caché au sein des nues, et Adity est née.

*
* *

« Du corps d'Adity sortent sans cesse de nombreux enfants ; être l'universelle fécondité, telle est la mission qu'elle a reçue des dieux.

*
* *

« Adity a déjà vécu dans les âges passés, c'est de cette mère illustre que tout procède, tout ce qui sort de son père meurt pour se reproduire. »

CHAPITRE XLIV

ADITY, PERSONNIFICATION DU CIEL ET DE LA TERRE

Nous venons de voir Adity comme mère des adityas, la voici maintenant comme personnification du ciel et de la terre; c'est une figure de l'immortelle déesse Nari.

Les poètes Gotama et Agastya l'ont aussi célébrée :

« Adity, c'est le ciel, Adity, c'est l'air, Adity, c'est la mère, le père et le fils; Adity, ce sont tous les dieux, et les cinq espèces d'êtres. Adity, c'est ce qui est né, et ce qui naîtra.

*
* *

« Adity, c'est le ciel et la terre!... Le ciel et la terre, quelle est la plus ancienne et la moins âgée, comment sont-elles nées, ô poète? qui le sait, elles sont faites pour porter le monde tandis que le jour et la nuit roulent comme deux roues.

***

« Toutes deux tranquilles et sans mouvement contiennent des êtres doués de mouvement et de vie, tels que les parents gardent sans cesse à leurs côtés un enfant chéri ; ô ciel et terre, gardez nous contre le mal.

***

« Je demande que vous me fassiez jouir d'Adity, que cette forme adorable soit exempte de toute crainte, qu'elle soit constante, inaltérable, et à jamais fortunée ; ciel et terre, accordez cela, gardez-nous contre le mal.

***

« Divinités heureuses et secourables, nous sommes à vous, ciel et terre, qui avez les dieux pour enfants. Vous marchez tous deux avec l'escorte divine des jours et des nuits ; ô ciel et terre, gardez-nous contre le mal.

« Sœurs toujours jeunes, et toujours semblables à elles-mêmes, elles se voient placées à côté de leurs parents, et glissent dans le centre du monde; ô ciel et terre, gardez-nous contre le mal.

***

« J'invoque dans le sacrifice en implorant le secours des dieux, ces deux déesses mères, grandes, larges, solides, remplies de beauté et qui renferment l'immortalité; ô ciel et terre, ô Adity, gardez-nous contre le mal.

***

« J'invoque par ma prière, dans ce sacrifice, ces déesses, dont le pouvoir est immense et s'étend sur l'infini; ô ciel et terre, ô Adity, gardez-nous contre le mal.

***

« Si nous avons commis quelque faute contre les dieux, contre nos amis, nos enfants ou notre père, que cette prière nous fasse obtenir notre pardon; ô ciel et terre, ô Adity, gardez-nous contre le mal.

***

« Louées par nous et favorables aux mortels, que ces deux déesses me sauvent, qu'elles s'entendent pour me secourir et protéger, que les devas m'assistent pour vous présenter les offrandes du père de famille.

***

« Pieux et recueilli, j'ai commencé par adresser cette prière au ciel et à la terre ; vous notre père et notre mère, vous toujours irréprochable, soyez nos protecteurs, préservez-nous du mal.

***

« O Adity, toi, notre père et notre mère, accorde-nous la grâce que nous te demandons, viens nous secourir, accorde-nous la prospérité, la force et une heureuse vieillesse. »

CHAPITRE XLV

VAROUNA, DIEU DES EAUX

Varouna est le dieu des eaux, il préside à l'ouest.

Dans le dernier état de la mythologie brahmanique, il est aussi considéré comme le Dieu suprême des demeures inférieures qui sont sous les eaux, Naracas spéciales, où les méchants sont retenus au fond des algues, par un lien de serpents.

Manou en parle quatre fois de la manière suivante :

« Que le dwidjas, après avoir fait l'offrande de beurre clarifié et de riz, dans un profond recueillement, aille vers chacune des quatre régions célestes, en marchant de l'est vers le sud, et ainsi de suite, et qu'il adresse l'oblation à Indra, à Yama, à Varouna et à Couvera ainsi qu'aux génies qui forment leur suite.

(Manou, livre III.)

***

« Ayant jeté l'amende à laquelle il a condamné le criminel, que le prince l'offre à Varouna, ou bien qu'il la donne à un brahme vertueux, imbu de la Sainte Écriture.

***

« Varouna est le seigneur du châtiment, il étend son pouvoir même sur les rois, et au brahme parvenu au terme de ses études sacrés. Il est le seigneur de cet univers.

***

« De même que Varouna ne manque jamais d'enlever le coupable dans ses liens, de même que le prince condamne à la détention à l'instar du prince des eaux.

(Manou, livre IX.)

***

« Celui qui rend un faux témoignage tombe dans les liens de Varouna, sans pouvoir opposer de résistance pendant cent transmigrations ; on doit en conséquence ne dire que la vérité. »

(MANOU, livre VIII.)

*
* *

Varouna, dans la période de Manou, est déjà le dieu du châtiment. C'est le troisième grand dieu du groupe secondaire ; il vient après Indra et Agni.

CHAPITRE XLVI

VAROUNA, PENDANT LA PÉRIODE VÉDIQUE

Le Varouna védique préside simplement aux eaux, il est en même temps le dieu de la science sacrée, on l'invoque pour obtenir de lui l'abondance, la science et le bonheur, il fut pour les premiers Indous une des manifestations directe de l'Être suprême.

Voici un hymne de poète Vasichta en son honneur :

« Varouna a préparé les voies du soleil, il a ouvert les sources célestes des rivières, tel que l'aiguillon qui dirige les cavales, il fait marcher les grandes nuits avec les jours.

*
* *

« Le vent c'est tout souffle qui agite l'air, il s'y étend en semant l'abondance comme le robuste taureau s'étend sur le gazon. En toi existe la vaste immensité du ciel et de la terre. O Varouna, tous les mondes sont à toi.

***

« Les fortunés rayons de Varouna voient autour d'eux les belles formes du ciel et de la terre. Les prêtres sages et pieux affermis dans la route du sacrifice élèvent leurs vœux vers Varouna.

***

« Varouna m'a révélé ceci à moi qui suis initié : la vache du sacrifice, m'a-t-il dit, porte vingt et un noms. Le dieu sage et prudent s'est approché de moi, pour enseigner à son ami le mystère de la science sacrée.

***

« En lui sont disposés trois mondes, trois régions qui se tiennent, et sont gouvernés par six saisons. Le sage roi Varouna a fait dans le ciel un char d'or qui apporte la lumière.

***

« Brillant comme le soleil, Varouna traverse l'Océan alerte : il apparaît humide de rosée tel qu'un robuste cerf; objet de nos louanges sincères, ce dieu a mesuré l'air, il est au-dessus de tout par sa force. Il est roi de tout ce qui existe.

* * *

« Exempts de péché, puissions-nous plaire à Varouna qui est doux même envers le pécheur, puissions-nous augmenter sa gloire, et qu'il nous seconde de ses bénédictions. »

CHAPITRE XLVII

YAMA, DIEU DES ENFERS

Yama est le juge suprême des morts, c'est lui qui les reçoit au sortir de la vie, les examine, les intéroge, pèse leurs actions bonnes ou mauvaises dans une balance, et les expédie au Naraca, ou dans un des swargas auxquels sa caste et ses mérites le destinent.

Le dieu, dans ce genre d'attributions, est surtout de la période brahmanique ; dans la période védique, un seul sloca du poète Sounasépha semble attribuer au dieu la même fonction, dans un hymne à Indra.

« O Indra, endors les deux funestes messagères de

la mort de Yama, fais qu'elles ne s'éveillent point en passant près de nous, etc... »

*
* *

« Ces funèbres messagères frappaient les mortels, à tort et à travers, pendant leur sommeil. »

*
* *

L'hymne suivant considère Yama comme le dieu des offrandes et du sacrifice.

« O Yama, les uns purifient le soma, les autres répandent le beurre sacré, viens vers ceux qui font couler le miel de la libation pendant les sacrifices.

*
* *

« Viens vers ces richis, que l'ardente piété a rendus invincibles, qui ont gagné le ciel, et obtenu la renommée.

*
* *

« Viens vers ces héros qui brillent dans les combats, qui font avec Dieu le premier sacrifice de leurs corps, ou qui ont mille présents à offrir.

« O Yama, viens vers ces pères du sacrifice, qui, austères et ardents, ont les premiers touché et fortifié les feux du sacrifice.

*
* *

« O Yama, viens vers ces sages et austères richis, habiles dans les saintes directions, qui, nés au sein de l'ardente piété, s'élèvent vers le soleil dont ils sont les gardiens. »

*
* *

Dans tous les hymnes védiques, Yama est certainement appelé le père du sacrifice. C'est le quatrième des grands dieux secondaires.

CHAPITRE XLVIII

SOURYA, DIEU DU SOLEIL

Sourya est le dieu du soleil et le soleil lui-même; il est à remarquer que ce dieu, si brillant dans la période védique, n'est nommé qu'une seule fois dans Manou, et encore dans un sloca insignifiant.

« Celui qui fait l'aumône d'un vêtement revient dans le ciel de Tchandra; celui qui donne un cheval, au séjour des deux Aswins; celui qui donne un taureau obtient une grande fortune; celui qui donne une vache s'élève jusqu'au monde de Sourya. »

(Manou, liv. IV.)

Dans la tradition mythologique, le dieu s'avance

chassant la nuit et poursuivant l'aurore qui fuit devant lui; on lui donne quatre coursiers rapides qui entraînent son char autour du monde.

Voici un hymne célèbre de la période védique, au dieu soleil; c'est celui que le prêtre brahme récite tous les matins, au lever de l'astre.

« Que Sourya, du haut du ciel, nous garde du vent funèbre de la mort et des sombres demeures qui sont sous les eaux.

*
* *

« O Sâvitri, flamme pure, essence de la prière, toi dont les rayons purifient tout, tu es digne d'être honoré par cent sacrifices. Touché de nos hommages, protège-nous contre les armes brûlantes de nos ennemis.

*
* *

« Que le divin Sourya, qui répand la lumière sur les mondes, et par qui tous les objets se reflètent dans nos yeux, nous protége et conserve notre vie.

*
* *

« Que, grâce à son pouvoir divin, nous puissions jouir longtemps du spectacle de ce monde; qu'il dirige notre âme et notre corps dans le culte de la vertu et de la vérité.

* * *

« Fais qu'un jour nous puissions te voir, ô puissant et radieux soleil ! aussi facilement que nous pouvons contempler nos semblables. »

CHAPITRE XLIX

LES ASWINS, FILS DU SOLEIL

Les deux Aswins sont fils du soleil et de la nymphe Aswini.

On les représente comme voyageant sans cesse à travers les cieux, sur un char à trois roues, à trois sièges, aussi rapides que la pensée ; un âne y est attelé, et en cet état, ils parcourent les trois mondes.

Ils possèdent aussi un char ailé à cent roues, attelé de six coursiers ailés également. Trois métaux différents, l'or, l'argent et le fer, forment ce char.

On les représente aussi comme les époux de l'Aurore ; ce sont eux qui ont appris au premier homme à labourer la terre et à semer l'orge.

Ils sont aussi les médecins des dieux.

Voici un hymne du poète Dirgbatamas, qui les représente avec toutes les qualités qu'on leur prête :

« Agni s'éveille sur son banc céleste ; le soleil arrive, la grande et brillante aurore apparaît avec éclat. Les Aswins attellent leur char, le divin Sâvitri a enfanté les deux parties du monde.

*
* *

« Aswins, pendant que vous attelez vos généreux coursiers, versez sur nos champs le beurre et le miel. Accueillez nos prières, secourez-nous dans les combats. Puissions-nous obtenir les riches dépouilles de nos ennemis.

*
* *

« Qu'il marche en avant, ce char des Aswins, attelé de rapides coursiers, chargé de biens savoureux, objet de tant de louanges, ce char à trois roues, à trois sièges, apporte la richesse et le bonheur à tous les êtres animés.

*
* *

« O Aswins, donnez-nous la force ; agitez sur nous votre fouet d'où s'écoule une douce abondance ; prolongez notre vie, effacez nos fautes, frappez nos ennemis ; soyez toujours avec nous.

***

« Vous portez la fécondité dans le sein des mères, vous êtes au centre de tous les mondes ; généreux Aswins, c'est à vous qu'on doit la flamme qui pétille dans les sacrifices.

***

« Vous connaissez la médecine et la vertu des plantes ; vous êtes aussi habiles à conduire les chars ; dieux puissants, vous donnez la richesse et la santé à ceux qui vous offrent le sacrifice. »

CHAPITRE L

DAHANA, L'AURORE, FILLE DU CIEL

Dahana est l'aurore, fille du ciel, source de la nuit, épouse des Aswins et mère des dieux, et des vaches célestes.

Le *Rig-Véda* contient de nombreuses hymnes à l'Aurore, mais elle n'y est nommée qu'une fois, sous le nom mystérieux de Dahana.

Griham grihamdahana yati akkha.
Dive dive adha nama dadhânâ.
Sisasanti Dyotana sasvat â agat.
Agram agram it bhagate vasunam.

Dahana s'approche de chaque maison.
Elle qui fait connaître chaque jour
Dyotana, l'active jeune fille, revient pour toujours,
Elle jouit éternellement du premier de tous les biens.

***

Dans le vieux langage mythologique des Védas, l'Aurore accourt tous les matins dans les bras du soleil, et renaît tous les jours, à la chute de la nuit; la déesse fuit devant le bien-aimé, qui la saisit, l'embrasse, l'entoure de ses rayons, et Dahana meurt d'amour sous l'étreinte du dieu.

« L'aurore s'approche du Sourya, dit le Véda, et elle expire dès que le dieu puissant qui illumine le ciel commence à respirer. »

C'est ainsi que Daphné, jeune et belle, aimée par Apollon, fuit devant lui, et meurt dès qu'il l'entoure de ses ardents rayons.

On peut voir, sans que nous nous donnions la peine de signaler à chaque pas ces rapprochements, qu'il n'est pas un mythe, pas un dieu, pas une légende, que la Grèce ne tienne de l'Inde.

CHAPITRE LI

CHANT A L'AURORE

Voici un des hymnes à l'Aurore le plus vénéré dans l'Inde, il est attribué au poète Vasichta :

« La fille du ciel se lève, elle s'approche, elle se montre, elle chasse les ténèbres que l'on voit fuir, elle crée et amène heureusement la lumière.

***

« En même temps le soleil fait sortir ses vaches lumineuses, l'astre radieux monte à l'Orient. A ton lever, Aurore, au lever du soleil, puissions-nous obtenir l'abondance.

« Aurore, fille du ciel, nous nous empressons de t'éveiller par nos chants, ô toi, bienfaisante déesse, qui apportes à ton serviteur ainsi qu'un trésor précieux la fortune la plus désirable.

*
* *

« O magnifique déesse, toi qui à ton lever nous appelles au spectacle du ciel, nous venons pour prendre part aux biens que tu répands, puissions-nous être comme les enfants d'une mère telle que toi.

*
* *

« Aurore, apporte-nous une opulence tellement grande, que la renommée s'en étende au loin. O fille du ciel, accorde-nous tous les biens mortels dont tu peux procurer la jouissance.

*
* *

« Que l'Aurore donne à nos maîtres une gloire immortelle accompagnée d'une fortune solide, et à nous l'abondance, qui excite la piété des riches, encourage la prière et éloigne de nous les ennemis.

*
* *

« Les sages enfants de Vasichta ont les premiers éveillé l'Aurore, par leurs hymnes et leurs chants. Et la déesse, fille du ciel, éclaire le ciel et la terre, éclaire tous les mondes, elle annonce à tous l'arrivée de son royal amant, le divin Sourya. »

CHAPITRE LII

SOMA, DIEU DE LA LUNE

D'après Manou, Soma est le dieu de la lune, des prêtres et des herbes médicinales. C'est le sixième grand dieu de l'ordre secondaire.

« Que le dwidja offre d'abord le sacrifice, ô Soma, dieu de la lune...

(Livre III.)

« C'est de cette manière que le Pradjapati (seigneur des créatures, roi) Dakcha lui-même destina ses cinquante filles pour l'accroissement de sa race.

***

« Il en donna dix à Dharma, treize à Casyapa et vingt-sept à Soma, le roi des brahmes et des plantes médicinales, et leur donna à toutes de splendides parures. »

***

On appelle aussi Soma l'asclépiade acide qui est consacrée au dieu de la lune. On en extrait un jus qui sert de liqueur dans les sacrifices et qu'on nomme le soma.

De là vient qu'on rencontre à chaque instant dans les hymnes védiques des invocations de cette nature :

« O Indra, Dieu pur et bienfaisant, à la faveur de nos prières et de nos chants, descend boire le soma que te préparent les enfants de Manou...

***

« O Soma, fille du ciel et de la prière, toi qui donnes de la force aux dieux et sais nous les rendre propices... »

***

Soma est aussi le nom de la dynastie lunaire (somavansa), dont un prince du nom de Boudha fut le premier roi. Leur capitale était située dans l'Antarvédi, au confluent du Gange et de la Yamouna. Ce souverain, qu'il ne faut pas confondre avec le réformateur du même nom, fut élevé au rang des dieux.

CHAPITRE LIII

LE SOMA VÉDIQUE

Le Soma védique est le dieu de la libation; c'est la liqueur personnifiée des sacrifices. Ce dieu, par son breuvage divin, soutient les mondes, fait les héros, augmente la force des dieux, et par sa protection répand sur la terre l'abondance.

Si l'homme parvenait à s'emparer de cette liqueur sacrée, et à s'en enivrer, il serait immédiatement élevé au rang des dieux.

Voici l'hymne célèbre que lui consacre le poète Vasichta. Nous le donnons en entier malgré sa longueur, car c'est un des plus magnifiques spécimens de la poésie védique :

« Le divin Soma a été purifié sous la pression de

l'or, En l'honneur des dieux il fait jaillir son suc, il coule en chantant dans le vase des lustrations comme le sacrificateur entre dans une maison remplie d'offrandes.

***

« O sage et grand Soma, prends ton brillant vêtement de combat, fais résonner ta voix, ô Dieu pur, vigilant et sage, et pour la gloire du sacrifice gémis sous le pressoir.

***

« Le plus glorieux des êtres, en notre faveur est versé sur un filtre de laine, il siége avec honneur ; ô Dieu pur, élève ta voix dans les airs, et vous, secondez-nous toujours de vos bénédictions.

***

« Chantez, adorons les dieux. Pour le bien du monde envoyez Soma, sa douce liqueur coule sur le filtre de laine, que l'ami des dieux se place dans le vase sacré.

***

« Indou avec ses mille torrents se présente comme l'ami des dieux et coule pour les enivrer. Loué par les prêtres, il arrive dans la demeure antique du sacrifice pour plaire à Indra et faire notre félicité.

***

« Dieu brillant et pur, viens donner la richesse à ton chantre. Que ton ivresse pénètre Indra, et le dispose au combat. Monte sur le même char que les dieux, et apporte-nous la fortune, et vous, secondez-nous toujours de vos bénédictions.

***

« Aussi bien qu'Ousuas, il chante l'hymne du poète, il annonce la naissance des dieux, orné de rayons brillants, maître purifiant et auteur de grandes œuvres comme le sanglier céleste, il s'annonce par le bruit de ses pas.

***

« La troupe des cygnes sacrés, les vrichous, en voyant ce dieu aussi bon que terrible, s'assemblent dans la demeure sainte, et ces amis de Soma chantent de concert ce maître invisible et pur, digne de tous nos éloges.

***

« Heureux de ces chants, le dieu accourt avec rapidité. On dirait un taureau qui se joue, à sa vue les vaches du sacrifice mugissent. Et lui il grandit en aiguisant ses cornes. Il se dresse et apparaît brillant le jour et la nuit.

***

« Le vigoureux Indou arrive fortifié par le lait de la vache. Soma prête à Indra le secours de son ivresse. Roi de la force, il tue le Rakchasa, il frappe ses ennemis et sème ses trésors.

***

« Ainsi répandant sa douce rosée, il sort du mortier pour couler sur le filtre; le divin Soma, honorant l'amitié du grand Indra, lui donne le bonheur de son ivresse.

***

« Le pur Soma, paré de ses rayons, arrose les dieux de son jus divin, Indou se montre fidèle aux divers devoirs que lui imposent les saisons, et ses dix doigts le conduisent sur le filtre de laine.

***

« Taureau ardent, il crie en voyant les vaches du sacrifice ; tout retentit de sa voix ; il s'élance vers la terre et le ciel. On dirait la clameur d'Indra dans le combat : tel est le bruit qu'il fait entendre.

* * *

« Gonflé d'un lait délicieux, tu nous donnes ton suc aussi doux que le miel. O pur Soma ! tu coules dans nos corps en l'honneur d'Indra.

* * *

« Viens donc, ô Soma ! inspirant une douce ivresse et courbant sous tes lois les ondes du nuage. Prends une brillante couleur ; unis-toi au lait de la vache, et répands-toi dans les vases du sacrifice.

* * *

« O Indou ! coule dans ce large vase pour notre bonheur. Ouvre-nous une voie facile vers l'opulence. Prends ton arme pour tuer le mal et verse ton onde sur le filtre de laine.

* * *

« Donne-nous la pluie du ciel qui arrive avec rapidité, apportant l'abondance, le bonheur et la fertilité. O Indou ! comme on rassemble les touffes d'une belle chevelure, dirige-nous vers les souffles réunis des vents tes amis.

*
* *

« O pur Soma ! délie la chaîne du mal qui nous retient, ô toi qui connais la voie droite non moins que la voie tortueuse, dieu brillant, qui veux le bien des hommes ; précipite tes flots comme les pas d'un coursier, et viens dans la demeure qui t'a été préparée.

*
* *

« O Indou versé dans le sacrifice pour causer l'ivresse des dieux, fais passer ton onde sur le filtre de laine. Dieu invincible, qui as mille torrents, mille suaves odeurs, coule pour les combats que les prêtres doivent livrer.

*
* *

« Ces pures et divines liqueurs s'élancent telles que des coursiers qui volent au combat sans être retenus par des rênes ou attelés à un char. Approchez-vous pour puiser à cette source.

*
* *

« O Indou ! viens à nos cérémonies, et coule dans ces vases qui reçoivent le jus de ta plante ou les ondes. O Soma ! donne-nous de larges richesses, qui excitent les désirs, causent la terreur et enfantent les héros.

*
* *

« Aussitôt que la voix d'un serviteur fidèle commence à s'élever, que l'offrande la mieux choisie est déposée pour le sacrifice, à l'instant les vaches saintes s'approchent avec empressement de Soma, ce noble maître qui repose dans le vase sacré.

*
* *

« Le sage et auguste Soma, magnifique dans ses présents, vient vers l'Indra terrestre en l'honneur de l'Indra céleste, roi de la force, qu'il soit votre soutien, qu'il laisse diriger par les dix doigts qui sont pour lui comme autant de rêves qui le conduisent sur le filtre de laine.

*
* *

« Le pur Indou est le gardien des hommes, il est le

roi des dieux, comme des mortels. Qu'il remplisse nos vases saints. Qu'il nous donne les biens terrestres et célestes dont il est le maître. Que notre sacrifice obtienne de lui grandeur et beauté.

*
* *

« Comme le cheval qui accourt à sa pâture, viens au sacrifice célébré en l'honneur d'Indra et de Vagou. O pur Soma ! qui possède tous les biens, donne-nous une large et vaste abondance.

*
* *

« Que ces breuvages qui font le bonheur des dieux coulent dans notre demeure, et la rendent fameuse par la force de nos enfants. Source de tous les biens, trésor de félicité, délices du ciel, qu'ils soient tels que des sacrificateurs qui savent fléchir les dieux.

*
* *

« O divin Soma, viens donc dans le sacrifice pour être la noble boisson des dieux. Malgré notre force, nous sommes exposés aux chances des combats. O dieu puissant, que le ciel et la terre soient solides sur eur base.

*
* *

« Impétueux coursier, terrible comme le lion, plus rapide que la pensée, tu te mêles avec bruit aux libations. O Soma, arrive par le chemin le plus droit pour nous prouver ta bonté.

*
* *

« Cent torrents naissent de ce dieu, les sages les recueillent et les répandent en mille ruisseaux limpides. O Soma, descends du ciel pour être notre bienfaiteur. Ta présence annonce toujours une grande largesse.

*
* *

« La rosée du sage Soma ressemble à la pluie du ciel; il est comme le roi du jour, ami de Mitra. Tel qu'un fils qui concourt aux œuvres de son père, apporte la victoire à tes serviteurs.

*
* *

« Ta liqueur s'écoule aussi douce que le miel, quand tu viens te purifier sur le filtre de laine. O dieu saint, tu te rends dans la maison des vaches sacrées, à peine né tu remplis le soleil de tes splendeurs.

*
* *

« Siège éclatant de l'immortelle essence, tu brilles et suis en criant la voie de Rita (Indra), tu arrives pour faire le bonheur d'Indra, et tu mêles tes accents aux prières des sages.

***

« O Soma, oiseau céleste, jette tes regards sur nous et envoie ta rosée au milieu des œuvres de notre sacrifice. O Soma, entre dans le vase sacré où tu places ton trésor et va murmurant, divine liqueur, t'unir aux rayons du soleil.

***

« Soma porte nos holocaustes, à son signal partent les trois mots sacrés, l'œuvre de Rita, la prière du prêtre et la puissance divine. Les vaches du sacrifice s'adressent à lui comme à leur pasteur, les invocations le recherchent avec empressement.

***

« Les vaches fécondes du sacrifice désirent Soma; les temps l'appellent par leurs prières. Soma est purifié et croît par un onctueux mélange; vers Soma se dirigent ensemble les hymnes et les chants.

***

« O Soma, heureusement purifié, remplis nos coupes, pénètre avec grand bruit au cœur d'Indra, engendre la prière, agrandis sa voix.

*
* *

« Le vigilant et sage Soma, purifié au murmure des prières au sein des vases sacrés. Il est honoré par les deux mains pieusement pressées qui ornent pour lui le char du sacrifice.

*
* *

« Le pur Soma, pareil à Agni lui-même, dans le soleil remplit le ciel et la terre. Il éclaire le monde. Que ses vœux puissent compter sur son secours. Qu'il comble de ses dons l'homme qui fait jaillir du mortier sa divine liqueur.

*
* *

« Que le pur et divin Soma augmente nos biens, et nous protége avec la lumière. C'est Soma qui a fait trouver et les vaches et la montagne ténébreuse à nos ancêtres qui connaissaient la voie du bonheur et du sacrifice.

*
* *

« Soma, roi du monde, sous la forme de vapeur humide descend d'abord au sein de sa plante et produit des rameaux, son onde généreuse va s'accroître ensuite en coulant sur le filtre de laine et dans le vase des lustrations.

*
* *

« C'est une grande œuvre du grand Soma, de venir, enfant des ondes, honorer les dieux; le pur Indou donne de la force à Indra et enfante la lumière dans le soleil.

*
* *

« O pur, ô divin Soma, à notre gré et pour notre bonheur enivre Vayou, enivre Mitra et Varouna, enivre la troupe des Marants. Enivre les dieux, enivre le ciel et la terre.

*
* *

« Sois toujours droit, ennemi du mal tortueux, vainqueur de la maladie et des méchants. Mêle ton lait à celui des vaches; tu es l'ami d'Indra, comme nous sommes tes amis.

*
* *

« Fais couler pour nous un ruisseau de miel, une source de trésors, donne-nous la fortune, accorde-nous pour fils un héros ; ô pur Soma, sois donc pour Indra, et que du Samoudra (l'Océan) descende sur nous la richesse.

***

« Que le flot du Soma se précipite comme un coursier. Qu'il vienne avec la rapidité de l'eau qui coule dans un fond. Que le pur Indou se place dans les vases de bois, qu'il se confonde avec les eaux et le lait des vaches.

***

« O Indra, voilà que Soma vient à toi. Sage et prompt à remplir ton désir, il coule dans les vases du sacrifice. Puissant avec la justice, porté sur un char brillant, lançant un regard lumineux, il est le désiré des serviteurs des dieux.

***

« Extrait de mortier et purifié sur l'antique offrande, il donne des formes à sa fille, il se revêt au sein des ondes d'une triple substance, et tel qu'un sacrificateur, il arrive en chantant dans nos assemblées.

*
* *

« O pur et pieux Soma, transporté [dans un char brillant, sors du pressoir, et remplis nos coupes. Suave et juste et, comme le divin Sâvitri, honoré par la sainte prière, répands tes douceurs au sein des ondes.

*
* *

« Purifié dans le sacrifice, chanté par nos hymnes, approche-toi du Vayou, de Mitra et de Varouna, approche-toi de ce héros monté sur un char rapide comme la pensée, approche-toi du généreux Indra, dont la main est armée de la foudre.

*
* *

« Pur et divin Soma, apporte-nous de superbes vêtements, de magnifiques ornements d'or; amène-nous des vaches fécondes et des chevaux pour nos chars.

*
* *

« Dieu pur, donne-nous tous les biens du ciel et de la terre, puissé-je, ainsi que Djamaudayni autrefois, obtenir pour nous aujourd'hui la richesse.

*
* *

« Viens avec ton onde purifiante nous apporter tous tes trésors, ô Soma, accours à nos hymnes et à nos libations; que le mortier entouré des honneurs du sacrifice, avec l'agitation des Marouts (les vents), donne le noble Soma au sacrificateur empressé.

*
* *

« Viens donc avec ton onde purifiante, dans cette fête où nous célébrons ta gloire. Comme on secoue un arbre dont les fruits sont mûrs, fais aussi tomber parmi nous les soixante mille trésors du vil Assoura.

*
* *

« Nos hymnes et nos libations sont deux sources puissantes où se retrempent la force et le courage du généreux Soma; ô toi, qui, tel qu'un cavalier superbe, abats et terrasses tes ennemis, éloigne d'ici les impies.

*
* *

« Tu passes constamment dans trois vases purifiants. Il en est ici un autre où nous t'appelons aujourd'hui; tu es Bhaga, tu es le bienfaiteur des hommes. O Soma, tu es Mayhraou pour les mortels généreux.

*
* *

« Il vient, le sage Soma, qui possède tous les biens, et qui est roi du monde ; Soma, lance ses flots dans les sacrifices et arrive sur le filtre de laine.

*
* *

« Les nobles et invincibles serviteurs de Soma le servent sur son trône; les sages font entendre leurs voix pareilles à celles du milan sacré. Les prêtres pressent Soma avec leurs dix doigts, et enveloppent ses formes des sucs des ondes.

*
* *

« O pur Soma, puissions-nous toujours avec toi recueillir les fruits de la victoire. Qu'ils nous protègent également, Mitra, Varouna, Adity, la mer, la terre, le ciel. »

*
* *

On comprendra l'importance qu'a la liqueur de Soma dans le système religieux des Indous, quand on saura que pas une cérémonie du culte, si minime qu'elle soit, pas une fête, pas un repas funéraire, ne peut avoir lieu sans que le prêtre brahme ne fasse les libations du Soma.

Cette liqueur qui donne la force aux dieux, la gloire aux héros, l'abondance à la terre, est, à n'en pas douter, de l'ambroisie de l'Olympe grec.

CHAPITRE LIV

COUVERA, DIEU DES RICHESSES

Couvera est le dieu des richesses, et le régent du Nord.

Ce dieu, dont on ne trouve aucune trace dans les Védas, n'est nommé qu'une seule fois dans Manou lui-même, dans le sloca suivant :

« Que le dwidia, après avoir fait l'offrande du beurre et du riz dans un profond recueillement, aille vers chacune des régions célestes en marchant de l'est vers le sud et ainsi de suite, qu'il adresse l'oblation à Indra, à Yama, à Varouna et à *Couvera*, ainsi qu'aux génies qui forment leur suite. »

*
* *

Ce dieu est absolument de création brahmanique.

Plus que sur tout autre encore, la légende vulgaire s'exerce sur ce dieu, et cela se conçoit : le dispensateur des richesses ne devait pas manquer d'adorateurs.

Comme on a pu s'en rendre compte, il nous est impossible, dans cette revue de la mythologie des Indous, de raconter les innombrables fables qui entourent la vie de tous les dieux, demi-dieux et personnages divins dont nous avons à parler ; des volumes ne suffiraient pas pour chacun. Nous nous bornerons donc à indiquer les attributs du dieu et à donner l'hymne qui lui est plus particulièrement consacré, et qui indique le mieux ses qualités. Nous ne connaissons pas à proprement parler de chant à Couvera ; ses adorateurs récitent en son honneur des espèces de litanies, dont voici un spécimen :

O Couvera, dieu suprême, dieu au noble visage, accorde-nous les richesses.

O Couvera, dieu puissant, dieu dont la vue calme toutes les souffrances, accorde-nous les richesses.

O Couvera, dieu aux yeux jaunes comme l'or, accorde-nous les richesses.

O Couvera, dieu dont le corps est blanc comme l'argent, accorde-nous les richesses.

Ses dévots en récitent comme cela pendant des jours entiers.

CHAPITRE LV

NEIRITIA

Neiritia est le dieu du commerce et, rapprochement singulier, des voleurs ; il n'est question de lui qu'une fois dans Manou, et dans des circonstances assez curieuses, qui ne se rapportent en rien aux attributions spéciales que nous venons d'indiquer.

« Celui qui a souillé, en connaissance de cause, l'épouse de son père doit, en proclamant à forte voix son crime, s'étendre lui-même sur un lit de fer brûlant et embrasser une image de femme rougie au feu; ce n'est que par la mort qu'il peut être purifié.

*
* *

« Ou bien, s'étant coupé lui-même le pénil et les bourses, et les tenant dans ses doigts, qu'il marche d'un pas ferme vers la région de Neiritia jusqu'à ce qu'il tombe mort. »

***

Ce dieu préside au sud-est.

Dans l'époque védique, il fut la personnification du mal, comme en témoigne ce fragment d'hymne des poètes gopayanas:

« Que cette existence nouvelle soit prolongée, et menée, comme un char, au sud-est par un habile écuyer. Ainsi celui qui était tombé se relève; que Neiritia s'éloigne!

***

« Pour obtenir la fortune, nous apportons avec nos chants d'abondantes offrandes, puissions nous récueillir le fruit de nos hommages; que Neiritia s'éloigne!

***

« Puissions-nous, par notre vigueur, vaincre nos ennemis et devenir leurs maîtres comme le ciel l'est de la terre, comme le tonnerre l'est du nuage. Puissent nos hommages recueillir les heureux fruits qu'ils attendent; que Neiritia s'éloigne!

***

« Ô Soma, ne nous livre pas à la mort, que nous voyions le lever du soleil, que notre vieillesse soit pleine de jours, mais que Neiritia s'éloigne! »

CHAPITRE LVI

GANÉSA

Ganésa est un dieu purement brahmanique du culte vulgaire, on n'en trouve pas la moindre trace, ni dans Manou, ni dans les Védas ; c'est le dieu qui préside aux portes des temples, éloigne les obstacles et fait réussir les entreprises.

Il est excessivement vénéré par les Indous de toutes les castes ; on rencontre sa statue partout, dans les temples, dans les écoles, dans les chouderios, dans les places publiques, dans les forts, sur les grandes routes, auprès des puits, des fontaines, des étangs, en un mot, dans tous les lieux fréquentés. On la porte dans les maisons et dans toutes les cérémonies publiques ; Ganésa est toujours le premier dieu qu'adore la foule.

Il est représenté sous une forme hideuse, avec la tête d'un éléphant au ventre énorme et des membres disproportionnés, un rat est à ses pieds. Il eut pour père Siva, et pour mère la déesse Caly. Il mène une vie contemplative dans les cieux, et on ne lui connaît pas de femme. C'est peut-être le seul dieu chaste de tout l'Olympe indou.

La première fois que sa mère Caly le vit, elle le trouva si affreux qu'elle lui réduisit la tête en cendre par l'éclat de son regard. Siva ayant appris ce malheur, et désolé d'avoir un fils acéphale, songea à lui rendre cette partie de son corps qu'il avait perdue. A cet effet, il envoya ses serviteurs, avec ordre de couper la tête au premier être vivant qu'ils rencontreraient dormant la face tourné vers le nord, et de la lui apporter. Ce fut un éléphant qui fut aperçu le premier dans cette position.

Les gens de Siva, suivant les instructions qu'ils avaient reçues, abattirent la tête de cet animal et s'empressèrent d'aller la porter à leur maître. Celui-ci la prit et l'ajusta sur le cou de son fils; depuis cette époque, il a conservé cette forme sous laquelle on le voit représenté.

Cette tête d'éléphant est un emblème de prudence et de sagacité, deux qualités que ce dieu représente chez les Indous.

CHAPITRE LVII

POULÉAR

Pouléar est le dieu des champs, il veille aux bornes et à la conservation des héritages. Il est le frère du dieu précédent; comme lui, il porte une tête d'éléphant, et est quelquefois confondu avec lui.

Voici comment la légende explique sa naissance :

Caly étant devenue enceinte une seconde fois des œuvres de Siva, et ce dieu craignant que le nouveau-né ne fût plus beau que Ganesa, son fils bien-aimé, il prononça sur le ventre de Caly l'invocation suivante:

« Que celui qui repose dans ton sein, ô déesse, naisse avec une tête d'éléphant, et qu'il soit de tout point semblable à son frère. »

La parole de Siva s'accomplit, et c'est sous cette forme que le jeune Pouléar fit son entrée dans le monde.

Les campagnes devinrent son lieu de prédilection, et il habite principalement sous les arbres qui abritent les claires fontaines, et dans les haies et les buissons qui séparent les héritages.

Les Indous ont pour lui la plus grande vénération; on lui offre les prémices du riz et de tous les fruits, nul n'y manque. A toute récolte, la part du dieu est prélevée la première. Celui qui oublierait cette offrande verrait ses champs devenir stériles à la saison prochaine.

Pouléar avait fait le vœu de chasteté, mais Vischnou, ayant parié dans l'Olympe qu'il le ferait manquer à ce vœu, se déguisa sous les traits de la déesse Mohiny, et triompha en effet de la vertu du dieu.

CHAPITRE LVIII

LA DÉESSE MOHINY

Le fait qu'on vient d'indiquer lui a donné naissance, mais Brahma, furieux de la plaisanterie qui avait eu pour but la perte de la chasteté de Pouléar condamna Vischnou à rester pendant quelque temps sous cette forme.

Vichnou, ayant imploré le maître des dieux, put recouvrer sa place au Swarga, mais à condition d'animer la forme de la déesse dont il se dépouillait. En cet état, la déesse, Mohiny devint la patronne des courtisanes. Son emploi dans le ciel consista à vanter l'amrita aux dieux ; cette boisson avait été obtenue en barattant la mer de lait.

Les Indous racontent sur cette déesse les histoires les plus obscures, en voici une des plus singulières :

Un jour que Mohiny distribuait l'amrita aux dieux, le vase qui contenait cette liqueur divine, qu'elle portait appuyé sur l'aine, glissa, et dans ce mouvement, détacha quelques poils du corps de la déesse ; en tombant sur la terre, ces poils prirent racine et se mirent à croître sous la forme de l'herbe Darba.

En cet état, cette herbe, qui est regardée comme une partie du corps de la déesse, reçoit des brahmes de nombreuses adorations ; elle est employée dans tous les sacrifices.

Les courtisanes en ont toujours un petit paquet à leurs portes, comme nos cabarets d'Europe y placent un bouchon de branches sèches.

Cette déesse, inutile de le faire remarquer, appartient au culte vulgaire.

CHAPITRE LIX

LES MAROUTS

Les Marouts sont les dieux des vents, ils sont fils de Raudra, une des personnifications de Brahma, et de Prisni, la terre.

Sous l'ère védique, dans Manou, et dans la période brahmanique, ces dieux conservent les mêmes attributions.

Voici l'hymne qui leur est le plus communément adressé :

« Brillants Marouts, celui dont vous visitez la maison, et dont le *Soma* vous fait descendre du ciel, peut se glorifier d'avoir de puissants protecteurs.

*
* *

« Venez prendre votre part de nos sacrifices, ô Marouts, et entendez la voix suppliante du prêtre.

***

« Celui qui vous honore par des offrandes, et dont le prêtre attire votre attention, verra ses étables remplies de vaches.

***

« Voici un homme de cœur, dont le cousa, dans les jours de fête, est couvert de libations toutes prêtes, et dont on vante les hymnes et les offrandes.

***

« Que les Marouts écoutent favorablement la prière, qu'ils acceptent aussi les offrandes de ce mortel, que sa position élève au-dessus de tous les autres, et même jusqu'au soleil.

***

« Grâce à votre sage protection, ô Marouts, nous avons pu vous honorer par d'abondantes libations.

***

« O Marouts, vous qui êtes dignes de nos sacrifices, qu'il soit fortuné le mortel dont vous agréez les offrandes.

*
* *

« Héros, doués d'une force véritable, accomplissez le vœu de celui qui vous implore en chantant vos louanges, et vous faisant des libations de beurre.

*
* *

« Manifestez cette force véritable que vous possédez, et d'un trait puissant et lumineux, percez le Rakchasa.

*
* *

« Repoussez au sein des ténèbres l'obscurité qui n'en doit pas sortir, chassez tous nos ennemis, et faites-nous la lumière que nous désirons. »

CHAPITRE LX

ROUDRA

Roudra, dans la mythologie de Manou et des Védas, est l'air personnifié et le père des Marouts, dieux des vents.

C'est un dieu terrible, qui porte aussi les noms de Vayou, Matarisan, Marout, et que les Indous ne nomment qu'en tremblant.

Encore aujourd'hui, si vous faites route avec un Indou pendant la nuit, s'il vous arrive, pour l'éprouver, de prononcer le nom de Roudra, vous le voyez aussitôt trembler et transi de peur ; il se met à marmotter à voix basse les mentrams qui peuvent éloigner de sa tête la vengeance du dieu. Voici une de ces incantations :

« O Roudra, toi le dieu fort, le dieu terrible et aussi le dieu sage, le dieu aimé et bienfaisant à celui qui t'implore, nous te saluons de nos chants.

***

« Afin qu'Aditi produise pour nous, pour nos troupeaux, nos hommes, nos vaches et nos enfants tous les biens qui sont du ressort de Roudra, le dieu terrible.

***

« Afin que Mitra, Varouna et tous ceux qui obéissent à Roudra, touchés de nos prières, nous favorisent également.

***

« Nous supplions Roudra, maître des chants divins, maître des sacrifices, Roudra qui envoie de la pluie pour guérir nos maux, qu'il nous accorde le bonheur de samyou (demi-dieu type du bonheur).

***

« Roudra brille tel que l'or, tel qu'un soleil éclatant, Roudra, le plus terrible et le meilleur des dieux, est notre refuge.

*
* *

« Qu'il répande sa bénédiction sur nos chevaux, nos brebis, nos béliers, nos vaches, nos femmes et nos serviteurs.

*
* *

O Soma, liqueur dont le dieu aime à s'enivrer, accorde-nous la fortune, l'abondance et la force de cent personnes.

*
* *

« O Soma, que nul méchant, que nul ennemi n'ait prise sur vous, ô Roudra, donne-nous notre part de prospérité.

*
* *

« O Roudra, dieu terrible, dieu fort, mais aussi dieu protecteur à ceux qui te sont amis, viens dans ce foyer, dans cette noble demeure du sacrifice, te joindre aux prières qui naissent de toi. O Roudra, toi qui es comme le principe immortel de cette fête, écoute les prières qui célèbrent ta gloire. »

CHAPITRE LXI

LES ROUDRAS

Maniou, dans les slacas suivants, parle d'un certain nombre de dieux qu'il appelle les Roudras.

« Celuiqui, imposant un frein à ses organes pendant tout un mois, ne mange pas plus de trois fois quatre-vingts bouchées de graine sauvage, n'importe de quelle manière, parviendra au séjour du régent de la lune.

*
* *

« Les *onze Roudras*, les douze Adityas, les huit Vacous, les génies du vent, les sept grands Richis, ont accompli cette pénitence lunaire pour se délivrer de tout mal. »

*
* *

Ces Roudras sont des demi-dieux qui, suivant une légende, sont nés du front de Brahma, ils représenteraient chacun une des qualités du dieu suprême ; les voici avec la vertu dont on les regarde comme les types :

Adjaicapada représente la sagesse.
Ahivradna représente la bonté.
Viroupakcha représente la puissance.
Soureswara représente la valeur.
Djayanta représente la justice.
Vatouroupa représente la vérité.
Tryambaca représente la douceur.
Aparadjita représente le pardon.
Savitra représente la prière.
Hara représente la transformation.

Il n'y a pas d'hymne de l'époque védique qui leur soit entièrement consacré ; on ne parle jamais d'eux dans les Védas que comme des êtres secondaires.

CHAPITRE LXII

PRISNI, MÈRE DES MAROUTS

Prisni est la mère des marouts et la femme de Roudra.

Ayant un jour voulu diriger les vents en l'absence du dieu, son époux, celui-ci entra dans une violente colère et la condamna à ne jamais boire le Soma et à ne jamais recevoir directement les hommages des mortels. Aussi on ne trouverait pas dans tout le Véda une seule hymne qui lui soit consacrée ; il n'est jamais question d'elle que dans les hymnes. En voici quelques exemples :

« Vous conviez tous les dieux à vos libations, et vous y appelez les marouts, ces terribles fils de Prisni.

(MÉDHATITHI.)

*
* *

« O marouts, si vous n'êtes pas immortels, faites cependant, fils de Prisni, que votre panégyriste jouisse d'une longue vie.

(CAUWA.)

*
* *

« Que les marouts à la marche brillante, que ces fils de Prisni, amenés par leurs daines, viennent à nos sacrifices ; que tous les dieux sages et resplendissants comme le soleil, que ces dieux dont Agni est la langue, que ces fils de Prisni accourent ici pour nous défendre.

(GOTAMA.)

*
* *

La malédiction de Roudra sur Prisni, qui avait usurpé sa puissance, fit tomber la déesse en un tel discrédit qu'on ne trouve aucune trace de ce mythe dans Manou et dans la période brahmanique.

CHAPITRE LXIII

PRISNI, MÈRE DES ONDES

Une autre déesse du nom de Prisni est adorée comme mère des ondes, c'est de son fleuve large et fécond que sortent les eaux qui se précipitent sur la terre.

Une des plus belles hymnes de la poésie védique lui est consacrée ; la voici :

« O Prisni, c'est de ton sein que sortent ces ondes fraîches et pures, semblables à de chastes épaules, que les amants attendent ; elles viennent, après avoir rafraîchi le ciel, répandre l'abondance sur la terre.

*
* *

« Les sages, en invoquant la grande déesse, ont fait entendre leurs chants ; ils sont accourus à la voix du sauvage sanglier des cieux, ils ont avec Indra fait couler les ondes du sacrifice, et le nuage, sorti du sein de Prisni, a reçu les honneurs immortels.

*
* *

« La brillante déesse qui vient de glisser sur les ondes s'approche de son amant et le porte jusqu'au haut du ciel, elle pénètre dans la demeure de son ami et le fait asseoir sur son aile d'or.

*
* *

« Quand ceux qui te désirent te voient voler dans le ciel, ils reconnaissent le messager alerte qui porte la pluie pour féconder la terre.

*
* *

« Le nuage, au sortir du sein du Prisni, s'élève dans le ciel et se présente couvert de sa brillante armure : il a, comme un soleil, revêtu une forme resplendissante et mérité nos plus chers hommages.

*
* *

« Cependant l'astre du jour, entouré de vapeurs, entre dans l'Océan céleste, son œil de vautour pénètre cette profonde épaisseur de l'air ; il rappelle ses pures splendeurs et accomplit sa mission dans les trois mondes. »

CHAPITRE LXIV

LES RAKCHASAS

Nous venons de voir souvent répétées les expressions suivantes :

O Dieu, délivre-nous des Rakchasas.

Dieu terrible, perce les Rakchasas de ta flèche acérée.

Manou attribue aux Devas ou demi-dieux la création de toute une série de mauvais esprits que nous allons passer en revue.

Les Rakchasas sont des génies malfaisants qui paraissent être de plusieurs sortes, les uns sont des géants ennemis des dieux comme Ravana dans le poème épique de Ramayana, les autres sont des espèces d'ogres ou de vampires avides de sang et de chair humaine, hantant les forêts et les cimetières comme

Hidimbha dans le curieux épisode du *Mahâbhârata*, publié par M. Ropp.

Les Rakchasas viennent sans cesse troubler les sacrifices des pieux ermites qui sont forcés d'appeler à leur secours des princes célèbres par leur valeur. Ainsi, dans le *Ramayana*, le Mani viswamitra vient réclamer l'assistance de Rama, et dans le drame *Sacountala*, les ermites appellent à leur secours le Dauchmanta.

Le nombre de ces Rakchasas est incalculable et ne cesse de se renouveler ; les âmes des criminels étant souvent condamnées à entrer dans le corps d'un Rakchasas et à y être logées plus ou moins longtemps, suivant la gravité de leur faute.

Les Indous prétendent qu'on rencontre souvent ces Rackchasas le long des cimetières et des charniers en train de ronger les cadavres des morts.

CHAPITRE LXV

IAKCHAS, GANDHARBAS, APSARAS, NAGAS, SARPAS, SOUPARNAS

Les Iakchas sont des demi-dieux, serviteurs de Couvera, dieu des richesses, et gardiens de ses jardins et de ses trésors.

Les Gandharbas sont les musiciens célestes qui font partie de la cour d'Indra, roi des swangas.

Les Apsaras sont des courtisanes ou bayadères du ciel d'Indra. Suivant les poètes, elles sortirent de la mer de lait, pendant que les Dévas et les Asouras les barattaient dans l'espérance d'obtenir l'aucrita ou ambroisie.

Les Nagas sont des demi-dieux, ayant une face humaine avec une queue de serpent et le cou allongé comme celui d'un cygne; leur roi est Varanki; ils habitent les régions infernale

Les Sarpas sont des demi-dieux à la forme de serpent ; ils sont inférieurs aux Nagas.

Les Sauparnas sont des oïseaux divins, dont le chef est l'oiseau Garanda, considéré dans la mythogie comme l'oiseau et la monture de Vischnou ; la croyance vulgaire fit naître tous ces Iakchas, Gandharbas, Nagas, Sarpas et Sauparnas de Casyapa et de diverses femmes, ce Casyapa est un richi de Maritchi et l'un des Pradjapatis.

CHAPITRE LXVI

LES PITRIS

Les Pitris sont des dieux manes, considérés comme les ancêtres des dieux et des génies : ils habitent la lune.

On donne aussi le nom de Pitris aux manes déifiées des ancêtres des hommes, les mêmes oblations, les mêmes sacrifices, sont adressés à ces deux catégories de manes, les ancêtres des dieux et les ancêtres des hommes. Chaque famille, dans l'Inde, garde précieusement son arbre généalogique, et les manes des ancêtres sont vénérés dans chaque branche et considérés comme les dieux du foyer domestique.

Ce sont, d'une part, les dieux lares et, de l'autre, les dieux pénates du guesch des Romains.

Manou parle de la manière suivante des Pitris, ancêtres des dieux :

« Exempts de toute passion, parfaitement purs, toujours chastes comme des novices, ayant rejeté toute dépouille visible doués des plus éminentes qualités, les Pitris sont les ancêtres des dieux.

* * *

« Apprenez maintenant quelle est l'origine des Pitris, par quels hommes et par quelles cérémonies ils doivent être spécialement honorés.

* * *

« Ces saints personnages, dont le premier est Maritchi, sont fils de manou, qui lui-même est fils de Brahma ; et ce sont les fils de ces saints personnages qui ont formé les tribus de richis.

* * *

« De ces Pitris sont nés les Dévas (divins) et les Damayas (géants), ancêtres du genre humain, et ces dieux ont successivement produit ce monde entier, composé d'êtres mobiles et immobiles.

*
* *

« De l'eau pure offerte simplement aux Pitris avec foi dans des vases d'argent, ou argentés, est la source d'un bonheur ineffable.

*
* *

« La cérémonie en l'honneur des manes est supérieure, pour les brahmes, à la cérémonie en l'honneur des dieux, et l'offrande aux dieux, qui précède l'offrande aux manes, a été déclarée en augmenter le mérite.

*
* *

« Les manes reçoivent toujours avec satisfaction ce qui leur est offert dans les clairières des forêts, qui sont naturellement pures, sur le bord des rivières ou dans les endroits écartés ou au foyer domestique.

*
* *

« Du riz sauvage, comme en mangent les anachorètes, du lait, le soma, la viande fraîche et le sel qui n'est pas préparé artificiellement, telles sont les offrandes qui sont faites aux Pitris et aux manes des ancêtres. »

CHAPITRE LXVII

HYMNE AUX PITRIS

Voici une hymne aux Pitris, relatée par le Véda, et qu'on attribue au poète Saukha, qui, indique qu'au temps de patriarches védiques, les Pitris étaient déjà divisés en trois classes, les Pitris ancêtres des dieux, les Pitris ancêtres de Devas ou demi-dieux et les Pitris ancêtres du genre humain.

***

« Aux Pitris des trois ordres, que les Pitris somyas se lèvent, leur âme a été généreuse, ils ont connu les sacrifices, qu'ils nous conservent au milieu de nos invocations.

*
* *

« Nos hommages s'adressent aujourd'hui aux Pitris anciens, aux Pitris plus modernes, à ceux qui se placent au foyer domestique, à ceux qui séjournent au sein des races généreuses.

*
* *

« J'honore les Pitris bienveillants qui sont nés sous les pas de Vichman ; qu'ils arrivent surtout ces ces barhichads, qui aiment le swadhâ de nos libations.

*
* *

« O Pitris barhichads, nous vous appelons à notre secours. Réjouissez-vous de l'holocauste que nous vous offrons, accordez-nous une heureuse protection, éloignez de nous le malheur et le péché.

*
* *

« Que les Pitris somyas, invoqués par nous, viennent avec joie s'asseoir sur notre gazon ; qu'ils nous écoutent, qu'ils nous répondent, qu'ils nous conservent.

***

« Soit que vous vous mettiez à genoux, soit que vous marchiez par la droite, agréez tout notre sacrifice ; ô Pitris, ne nous faites aucun mal, nous n'avons péché que par la faiblesse de notre humanité.

***

« Asseyez-vous sur notre gazon au lever des brillantes aurores, et donnez la richesse au serviteur qui vous honore ; ô Pitris, accordez à nos enfants la fortune et à tout le peuple la force.

***

« Les anciens Pitris, les Varichtas somyas, nous ont donné le breuvage du Soma. Qu'Iama soit heureux avec eux, ami de l'holocauste ; ainsi que ces Pitris qu'il se rassasie.

***

« Ils accourent au milieu des dieux altérés de libations, attirés par les offrandes, célébrés par les hymnes ; ô Agni, viens à nous avec ces Pitris bons, généreux, et sages qui siègent près du foyer.

*
* *

« Pitris, Agni chwattas, venez ici, vous qui pouvez nous diriger. Placez-vous sur ces sièges, mangez sur ce gazon les holocaustes qui vous sont présentés ; donnez-nous les richesses avec la force des héros.

*
* *

« O Agni, viens avec ces pieux, ces grands, ces antiques Pitris, avec ces mille serviteurs des dieux, qui montent sur le même char qu'eux. Ils boivent la libation, ils mangent avec Indra et vont s'asseoir près du foyer.

*
* *

« O Agni, dieu surnommé Hita et Djatavedas, transporte ces holocaustes odorants, donne-les aux Pitris avec la swadha ; qu'ils les mangent et toi aussi. O dieu, mange ces holocaustes qui te sont offertes.

*
* *

« Tu connais, ô Djatavedas, tous les Pitris, ceux qui sont ici et ceux qui n'y sont pas, ceux que nous connaissons et ceux que nous ne connaissons pas. Ils viennent avec les offrandes ; que ce pieux sacrifice te soit agréable.

*
* *

« Les Agni dagdhas et les Anagni dagdhas au foyer de l'être brillant aiment à prendre la swadha avec toi ; développe tes splendeurs et forme-leur un corps qui transporte leur âme à ton gré. »

CHAPITRE LXVIII

LES ASSOURAS

Les Assouras sont des génies en perpétuelle hostilité avec les Dévas.

Parmi ces Assouras, les uns sont appelés Daytas de leur mère Diti, femme de Casyapa, fille de Marikchi, les autres sont nommés Douâvas géants, de leur mère Danou, femme du même personnage. Les Assouras sont représentés dans les poèmes indiens comme les ennemis des dieux (devas) avec lesquels ils sont sans cesse en querelle, et chose singulière, les dieux appellent quelquefois à leur secours un roi célèbre par sa valeur, comme dans le drame de *Sacountala* (acte C^me^). Les Assouras sont d'un ordre fort supérieur aux Rakchalas.

Dans leur lutte avec les Dévas, les Assouras reçoivent souvent le nom de ravisseurs des vaches sacrées.

« Avec ces Marouts qui brisent tout rempart et supportent la nue Indra, tu vas du sein de la caverne délivrer les vaches célestes, dérobées par les Assouras.

RIG-VÉDA.

***

D'après M. Foucaux, voici quelle serait l'explication du mythe qui a donné lieu à cette légende.

Le nom verari de la vache, en langage poétique, signifie tout ce qui procure un avantage ; cet avantage est appelé, par une autre figure empruntée au même ordre d'idées, le lait de la vache sacrée.

Dans la mythologie indoue, on donne donc ce nom à la prière, à la terre, au nuage, à la libation, aux rayons du soleil, etc... Dans ce sloca du Véda doit être la lumière. Au sein de la nuit, représentée par une vaste caverne, sont enfermés les rayons enlevés et gardés par les Assouras.

Vrihespati, autrement Agni, le feu du sacrifice, réclame ces vaches ; une chienne divine, nommée Saramâ, et qui n'était que la voix de la prière (*vag déni*), est encore à la découverte. Indra, le dieu du ciel, qui commence à s'éclairer, marche avec les Marouts et les Angiras, c'est-à-dire les prêtres, à la délivrance de ces vaches, et il brise la caverne où elles sont enfermées. De tous ces détails on a composé une foule de légendes, dont on vient d'indiquer les principaux traits, et qui certainement ont engendré chez les Grecs la fable de Cacus.

Il faut aussi chercher, dans cette histoire mythique des vaches célestes, l'explication de la légende de la vache Io chez les Grecs, laquelle est donnée en garde à Argus.

Les Aswins sont aussi constamment en lutte avec les Assouras.

« O généreux, ô immortels Aswins, nous vous chantons, car vous apportez de la région lointaine les dépouilles que vous avez ravies aux Assouras. »

RIG-VÉDA.

*
* *

C'est la même légende en d'autres termes, seulement la restitution des rayons solaires volés par les Assouras est due ici non aux Aswins mais à Indra.

CHAPITRE LXIX

LA DÉESSE YAMI

Yami est la sœur de Yama, elle meurt d'amour pour lui ; c'est la personnification de la prière et du sacrifice ; les feux des sacrifices et le bruit de la prière meurent et s'éteignent ensemble après l'offrande aux dieux.

On ne lira pas sans intérêt le dialogue entre Yami et Yama, que j'extrais du Véda.

YAMI

« Qu'un ami vienne à son amie. Traverse, ô Yama, le vaste océan de la mort, viens t'unir à moi, afin que tu voies naitre les petits-fils de ton père.

YAMA

« Ton ami ne recherche point ton amour ; si nous avons la même origine que les autres déesses, notre forme est différente, adresse-toi aux Assouras, ces héros qui soutiennent le ciel.

YAMI

« Tous ces immortels désirent quelque chose, ne serait-ce que l'offrande d'un mortel; moi, ma pensée est unie à la tienne, que mon époux naisse et se revête d'un corps nouveau dans ses fils.

YAMA

« Je suis juste et ne condamne pas l'amour que nous avons déjà éprouvé l'un pour l'autre. Le divin Gandharva est notre père, Arya, qui circule au sein des ondes célestes, notre mère; notre naissance est illustre.

YAMI

« Twachtri et Savitri, nos aïeux, ont voulu que nous soyons unis par l'amour dans le sein de notre mère, on ne peut détruire ce qui a été fait; la terre et le ciel nous connaissent.

YAMA

« Qui donc a connu nos premiers jours? Le sein de la mère commune est vaste, qui l'a vu, qui donc en peut parler, que veux-tu de moi?

YAMI

« Yami désire Yama, elle veut encore dormir avec lui dans le même lit, comme une épouse avec son époux ; je veux pour toi parer mon corps. Roulons attachés ensemble ainsi que les deux roues d'un char, accomplissant les œuvres des dieux.

YAMA

« Les œuvres des dieux s'accompliront sans nous, cherche un autre époux que moi, roule avec lui, attachés ainsi que les deux roues d'un char.

YAMI

« Que les mortels n'oublient jamais de présenter leurs offrandes soir et matin à Yama, que le soleil brille pour lui. Que le ciel et la terre lui soient favorables, qu'Yami retrouve un époux dans Yama.

YAMA

« Nous sommes à un âge où l'épouse doit supporter la perte de l'époux; ô femme, étends ton bras sous la tête d'un autre homme, cherche un autre époux que moi.

YAMI

« Qu'est-ce qu'un frère qui n'est pas votre protecteur? Qu'est-ce qu'une sœur livrée à Niriti (la mort)? Ne méprise pas mon amour, unis ton corps au mien.

YAMA

« Je ne rapprocherai pas mon corps du tien. Pécheur est le frère qui épouse sa sœur. Cherche le plaisir dans les bras d'un autre, ton frère ne veut point de toi.

YAMI

« Tu es cruel, ô Yama, je ne reconnais plus ton cœur; qu'une autre donc t'enlace comme la liane enlace l'arbre, qu'elle t'attache avec sa ceinture.

YAMA

« Et toi, Yami, caresse un autre homme; qu'un autre t'embrasse comme la liane embrasse l'arbre, et que votre union soit heureuse et féconde. »

CHAPITRE LXX

MITRA

Mitra est un des douze Adityas ou personnifications du soleil, Manou n'en parle qu'une seule fois au livre XII et dans ce sens.

Dans le Véda, où il reçoit les mêmes attributions, il est en outre protecteur des mortels. Voici l'hymne spécial qu'on lui adresse tous les jours dans le sacrifice :

« Mitra, sensible à nos louanges, secourt les mortels; c'est Mitra qui soutient la terre et le ciel; Mitra veille sur les hommes sans jamais fermer l'œil. Mitra est honoré par nos holocaustes et nos offrandes de beurre.

***

« O Mitra, divin Aditya, qu'il soit dans l'abondance, le mortel qui t'offre les dons du sacrifice; l'homme que tu protèges ne connaît ni la mort ni la défaite, le mal ne le touche ni de loin ni de près.

***

« Exempts de péché, heureux des présents d'Ila, posant nos genoux sur la terre sacrée et poursuivant les rites pieux, puissions-nous obtenir la faveur de l'Aditya Mitra !

***

« Il vient de naître, ce Mitra digne de nos hommages et de notre culte, ce roi sage et puissant. Puissions-nous posséder la faveur et l'heureuse amitié de ce dieu adorable !

***

« C'est un grand Aditya que nous ne pouvons aborder qu'avec respect, il protège les mortels et mérite nos chants et nos adorations. A ce Mitra, digne objet de nos louanges, que nos prêtres offrent dans les feux d'Agni une holocauste qui lui plaise,

***

« Le divin Mitra est le soutien des hommes ; son secours est fécond en bienfaits et ses présents sont glorieux.

***

« Mitra, en s'étendant, remplit le ciel de sa grandeur et la terre de son opulence.

***

« Les cinq espèces d'êtres honorent Mitra, qui, par sa force, triomphe de ses ennemis ; il est le soutien de tous les dieux.

***

« Mitra se mêlant aux devas et aux enfants d'Ayou, donne aux mortels assis sur le gazon sacré l'abondance qu'ils ont méritée par leurs œuvres pieuses. »

***

Mitra, dans l'époque védique, est le plus puissant des Adityas, on l'associe souvent avec Varouna, comme dans l'hymne suivant :

« J'invoque Mitra qui a la force de la pureté, et Varouna qui est le fléau de l'ennemi ; ils accordent la pluie à la prière de qui les implore.

*
* *

« O Mitra et Varouna, recevez ce sacrifice qui augmente votre force et nous obtient votre protection.

*
* *

« Que Mitra et Varouna, qui habitent les larges demeures du ciel, reçoivent ce sacrifice et ces offrandes et nous accordent l'immortalité.

CHAPITRE LXXI

VAYOU

Vayou est une personnification supérieure de l'air et des vents, il règne dans l'éther, et dans la mythologie des Védas est de beaucoup supérieur à Roudra, le père des Marouts.

Voici l'hymne avec lequel on l'invoque le plus souvent, il est du poète védique Madoutchaudas :

« Illustre Vayou, viens et prends ta part de ces liqueurs préparées avec soin, écoute notre prière.

*
* *

« O Vayou, des chantres sacrés disposés à faire les

libations, habiles à connaître le jour des sacrifices, préparent le Soma, et te célèbrent en ce moment par leurs vers.

*
* *

« Vayou, d'accord avec le vœu de ton serviteur, que ta grande voix s'élève et vienne attester que tu reçois nos libations de Soma. »

*
* *

Très souvent Vayou est uni à Indra dans les hymnes du sacrifice, le précédent hymne est récité par les prêtres, lorsqu'ils fabriquent le Soma, en pressant la plante de l'asclépiade pour en obtenir le jus. L'hymne suivant aux deux dieux associés se récite en offrant la libation :

« Indra et Vayou, c'est pour vous que sont ces libations, venez prendre les mets que nous vous offrons, voici des boissons qui vous attendent.

*
* *

« Vayou et Indra, vous voyez ces oblations ; vous qui daignez quelquefois assister à nos sacrifices, venez tous deux avec empressement.

*
* *

« Vayou et Indra, dieux forts, venez recevoir l'hommage de l'homme qui fait des libations en votre honneur, accourez à sa prière.

*
* *

« Accourez, Indra et Vayou, accourez, Vayou et Indra, appelés par la prière, invoqués par le songe ; écoutez les paroles saintes du prêtre qui vous offre ces libations. »

CHAPITRE LXXII

ARYAMAN

Aryaman est un dieu personnification du soleil, qui, après avoir joui d'une grande renommée aux époques védiques, a peu à peu disparu de l'Olympe brahmanique. C'est à ce point qu'on n'en trouve aucune trace dans Manou.

Le nom de ce dieu n'est même connu aujourd'hui dans l'Inde que des brahmes érudits, c'est un mythe dont la figure est perdue. Dans toute la collection des Védas, on ne peut relever qu'un hymne en son honneur.

Nous le relevons à titre d'aperçu.

« Le soleil se lève, embrasse tous les hommes ; il

est pour les enfants de Manou une source commune de félicité. Perce les ténèbres, ô Aryaman, œil divin.

***

« Le grand étendard de Sourya se lève, il flotte dans l'océan de l'air et vivifie tous les êtres. Le dieu fait avancer autour du monde sa roue que traîne le cheval immortel attelé à son char.

***

« Le divin Aryaman se lève à la suite des aurores, il brille, chanté par les poètes; il est mon protecteur, il est le foyer de cette lumière utile à tous les hommes.

***

« Il se lève dans le ciel, cet astre d'or, ce dieu vainqueur et brillant qui porte au loin ses regards et ses pas ; le soleil donne la vie aux peuples qui s'agitent et se mettent à l'œuvre.

***

« Les Dévas immortels ont ouvert la voie au soleil et aussitôt, tel que l'épervier, il s'élance, et vole dans l'air. Au lever du soleil, nous voulons, ô Mitra et Varouna, vous honorer dans Aryaman, par nos adorations et nos sacrifices.

*
* *

« Que Mitra, Varouna, Aryaman, nous comblent de biens, nous et nos enfants ; que toutes les voies nous soient ouvertes et faciles, et toi, Aryaman, seconde-nous toujours de tes bénédictions. »

CHAPITRE LXXIII

LES APRIS

Sont des Dévas ou demi-dieux, qui sont les personnifications divines du dieu Agni, dans toutes les formes qu'il revêt pour le sacrifice ; l'hymne suivant réunit tous leurs noms et toutes leurs attributions.

« Agni, sous la forme de Sousamiddha, amène pour nous les dieux vers celui qui offre l'holocauste ; prêtre et sacrificateur, consomme le sacrifice.

*
* *

« Sage divinité qu'on nomme Lanoûnapa, fais agréer

aujourd'hui aux dieux notre sacrifice, qu'il leur soit aussi doux que le miel.

*
* *

« J'invoque ici dans cette assemblée celui qu'on appelle Narasouta, le dieu chéri des apsaras, le sacrificateur dont la langue est si douce.

*
* *

« Agni, sur ton char bienheureux, amène les dieux, ô toi sacrificateur appelé Ilita, toi que Manou a constitué pour présider à nos fêtes.

*
* *

« Mortels éclairés, étendez le gazon sacré, qu'il soit arrosé de beurre à l'endroit où les dieux vont venir prendre leur ambroisie.

*
* *

« Qu'elles s'ouvrent, les portes divines de l'enceinte sacrée; ces portes que le sacrifice sanctifie, qu'elles s'ouvrent aujourd'hui pour la pieuse cérémonie.

*
* *

« J'appelle à ce sacrifice la belle Nuit, la belle

Aurore, qu'elles viennent toutes deux prendre place sur ce cousa.

*
* *

« J'appelle aussi ce couple de dieux à la douce langue, qu'ils aient part à notre sacrifice.

*
* *

« Que les trois déesses qui apportent la joie, Ila, Saraswati et Mahi, daignent sans crainte s'asseoir sur le cousa.

* *

« J'appelle ici le grand Twachtri, qui sait revêtir toutes les formes, qu'il soit notre ami.

*
* *

« Divin Vanaspati, donne aux dieux l'holocauste qui leur est destiné. Que la sagesse soit le partage de celui qui le leur offre.

*
* *

« En l'honneur d'Indra, prononcez le Swaha ! dans la maison du père de famille qui offre le sacrifice : c'est là que je convie les dieux.

CHAPITRE LXXIV

LES DEMI-DIEUX INCONNUS

Il y a une foule de dieux inconnus, personnages que leurs vertus ont déifiés, et que par conséquent on ne peut invoquer par leurs noms. Une fête leur est dédiée au solstice d'automne, et pendant le sacrifice, l'hymne suivant leur est adressé :

« Que Mitra, que Varouna, que le sage Aryaman, ô dieux inconnus, vous conduisent près de nos sacrifices ; c'est pour vous que la source va couler en ce jour ; ô dieux inconnus, soyez-nous favorables.

***

« O dieux inconnus, vous présidez aux nombreuses

actions des mortels ; messagers divins, vous voyez tout, vous savez tout ; vous suivez les hommes dans leur vie, vous les suivez dans leur mort, et vous renseignez le dieu Soma sur leurs actions.

***

« O dieux inconnus, qui, par vos bonnes œuvres, avez conquis l'immortalité, à nous qui sommes mortels, donnez-nous les moyens de conquérir l'immortalité ; voyez nos sacrifices.

***

« O dieux inconnus, qui êtes conduits par Indra, inondés de lumières par Agni et transportés dans toutes les parties du monde par les Marouts, que commande le sage Vayou, dieu à la vue perçante, au pouvoir sans bornes, délivrez-nous de nos ennemis.

***

« O dieux inconnus, esprits subtils, qui avez dépouillé votre forme mortelle et qui savez vous rendre le puissant Vischnou favorable, accordez-nous des vaches au lait abondant.

***

« O dieux inconnus, rien n'est doux pour l'homme qui offre le sacrifice comme le souffle des vents parfumés, comme l'eau pure des fleuves et les plantes de la terre ; mais rien n'est plus favorable à l'homme, rien n'attire de plus grands biens que de chanter vos louanges.

***

« O dieux inconnus, écoutez nos prières, recevez nos vœux, que douces vous soient la nuit et les aurores, que l'air qui environne le monde vous soit doux, que le ciel notre père vous soit favorable.

***

« Que le puissant et le misércordieux dieu Agni vous soit doux, que la lumière du soleil vous soit douce, que les vaches fécondes vous accordent leurs faveurs, que doux vous soit leur lait.

***

O dieux inconnus, que les grands et puissants Mitra, Varouna et le sage Aryaman vous soient doux, qu'ils vous conduisent près de nous pour recevoir le sacrifice. »

CHAPITRE LXXV

LES VISWADÉVAS

Les viswadévas, d'après une tradition singulière, sont tous les dieux oubliés dans les nuits profondes de Brahma, pendant les millions de pralayas ou dissolutions qu'a déjà subies l'univers. Ces dieux, ancêtres des dieux, n'ont plus de formes et n'existent plus que dans la mémoire de Brahma. Swayambhouva, à titre de souvenirs, le lendemain de la fête des dieux inconnus, leur est consacré, et voici l'hymne qu'on leur adresse :

« Que les viswadévas accourent à notre sacrifice attirés par la voix des hymnes et la fumée des offrandes ; qu'ils viennent respirer l'odeur de l'holocauste, et une seconde jeunesse, une seconde vie leur sera accordée à la fin du prochain pralaya.

*
* *

« Qu'ils se rendent donc vers nous, ces dieux oubliés par les siècles dans la poussière du cerveau de Brahma ; qu'ils se rendent donc vers nous, conduits par les bons compagnons, les puissants dieux Mitra, Varouna et le sage Aryaman.

*
* *

« Venez vous unir à nos transports, venez avec nous chanter le feu sacré et le souffle puissant d'Agni, source de toute vie ; venez, soyez nos hôtes chéris ; les pères de famille vont vous offrir, avec leurs chants, l'oblation sacrée.

*
* *

« Tel que le jeune veau appelle par ses cris la vache sacrée aux mamelles pleines, tels nous vous implorons et vous appelons avec anxiété ; venez nous combler de vos faveurs ; c'est pour vous que nous faisons couler le lait de la louange.

*
* *

« Et de même que la vache vient à son nourrisson, accourez tous, dieux oubliés dans la poussière du cerveau de Brahma ; venez recevoir nos vœux aussi rapides que la pensée.

*
* *

« Que Tvachtri vienne aussi vers nous, et qu'il partage la joie des maîtres des sacrifices ; que le puissant Indra, l'ennemi de Vritra et l'ami des hommes, se rende à notre sacrifice.

*
* *

« Que nos prières, attelées au char du sacrifice, s'approchent d'Indra comme la vache de son veau, et le caressent comme un nourrisson ; que nos invocations plaisent au dieu comme les paroles d'une tendre épouse.

*
* *

« O dieux oubliés, que par la vertu de la plante toulotchy, dont nous vous offrons le parfum, vous puissiez revenir les dieux jeunes de l'avenir.

*
* *

« Que les parfums du toulotchy, en se condensant, vous refassent une âme et un corps immortels.

CHAPITRE LXXVI

LE TOULOTCHY

Dans cette revue mythologique de toutes les formes et de toutes les conceptions de l'*Olympe brahmanique*, formes et conceptions tellement nombreuses qu'il nous est impossible d'en parler avec plus de détails, nous ne suivons d'autre ordre logique que celui qui découle naturellement de la marche des idées. A chaque grand dieu, nous rattachons tous les esprits inférieurs, toutes les manifestations qui s'y rapportent.

Le toulotchy, dont il vient d'être parlé, est une plante qui croit dans les lieux sablonneux et incultes; c'est une espèce de basilic très parfumé ; les brahmes l'ont en grande vénération et prétendent que la déesse

Sakmy, épouse de Vichnou, l'a fait pousser en l'arrosant de son lait pour le bonheur des mortels.

« Rien n'égale sur la terre et dans le ciel la vertu du toulotchy, » est un dicton fort commun dans l'Inde.

C'est par la vertu du toulotchy que les dieux et les demi-dieux conservaient l'immortalité.

Tous les jours une prière lui est consacrée dans le sacrifice.

Lorsqu'un brahme prêtre est près de mourir, on va chercher une de ces plantes, on met un peu de sa racine dans la bouche du mourant; on en prend ensuite des feuilles, on les lui met sur le visage, les yeux et les oreilles, et on l'asperge des pieds à la tête avec une tige trempée dans l'eau lustrale, ou eau consacrée.

En accomplissant cette cérémonie, on répète plusieurs fois ces mots: « Toulotchy, soyez-lui favorable; toulotchy, procurez-lui une mort douce; toulotchy, donnez-lui l'immortalité. »

D'après la croyance vulgaire, la vue seule de ce précieux et divin végétal suffit pour purifier de toute souillure et obtenir l'immortalité.

Celui qui le cultive et l'arrose tous les jours est assuré de parvenir au swarga.

Il est enfin consacré spécialement aux mânes des viswandévas ou ancêtres des dieux.

Ses feuilles ont une odeur suave et aromatique; elles sont bachiques et cordiales, et les Indous leur attribuent un si grand nombre de propriétés médicinales, qu'à elles seules elles suffiraient, à les en croire, à guérir tous les maux.

Dans le Paulhian vulgaire, il a été divinisé et s'appelle la déesse Toulotchy; on en fait une des femmes de Vichnou.

FIN

TABLE DES MATIÈRES

PREMIÈRE PARTIE

LES ORIGINES DE MANOU

DEUXIÈME PARTIE

LES MYTHES DE LA CRÉATION

Imprimerie D. Bardin, à Saint-Germain.

www.ingramcontent.com/pod-product-compliance
Ingram Content Group UK Ltd.
Pitfield, Milton Keynes, MK11 3LW, UK
UKHW020302230726
13925UKWH00001B/181